最新改訂版

ための

ツ

栄養学

栄養の基本と食事計画

監修

相模女子大学 栄養科学部
健康栄養学科教授
柳沢香絵

Gakken

はじめに

スポーツと栄養には、切っても切り離せない関係がある。

プロのアスリートたちには、各競技の目的に合わせ、からだを強くするための食事や、試合に向けてコンディションを整えるための食事を管理や指導する専門の栄養士がいます。昨今、アマチュアのアスリートでも市民大会などの試合に参加するような方々は、食事や栄養に興味を持っていることでしょう。現在、スポーツ栄養に関する情報はさまざまな形で発信されています。しかし、スポーツ栄養の十分な知識がないままに、その情報を自分の都合のよい部分だけ活用してしまったことで逆にコンディションを崩してしまう人もいるようです。

アスリートが栄養士ほどの知識を持つ必要はありません。ですが、栄養について知らずにいるのはもったいないことです。専門家の言葉や知識を上手に利用して、正しい食事を意識していきましょう。栄養学を学べば、必然と食事について考えるようになります。食べ物に含まれる栄養が、からだをつくり、強くしてくれるからです。そして、からだを効率よく強化させるために必要なのは食事計画を立てることです。

ただ、アスリートひとりひとりの年齢や性別、競技によって、摂取すべき栄養の種類や量は異なります。そこで本書では、世代別や競技別、目的別に分けて食事計画を紹介しています。

まずは、基本的な栄養素の種類とその役割について知っていきましょう。アスリートにとっての栄養とは何か、どのように働くのかという点に着目していきます。その後、試合に向けたコンディションの整え方を解説していきます。さらに、ハイパワー、ボールゲーム、ローパワーに区分けした競技別の食事方法も紹介します。また、ジュニア期や高校生、シニア期による食事や、体調不良や、ケガによるアクシデント時における食事のとり方などについても紹介しています。

日頃のトレーニングの効果を最大限に引き出すことのできる、競技力の向上とからだづくりのために必要な食事は何か、それを知ることから始めましょう。

本書を読むことで、自分の競技生活にふさわしい食事をしっかりと見極め、栄養素をバランスよく摂取できる食事生活の確立に役立つことができれば幸いです。

また、少しでも多くの人たちが、食事とスポーツとの関連性について意識や関心を持つようになることを願っています。

柳沢 香絵

自分の食生活と向き合うために競技別セルフチェック！

アスリートとしてよい食事がとれているか？

からだを動かすためにはエネルギーが必要となり、消費されたエネルギーの補給として食事があります。これはどんな人にでも当てはまる事実ですが、アスリートは普段の生活に加え、通常からだを動かさない人たちに比べて約2倍のエネルギーが必要となります。

ですから、一般の人たちと同じ食事法では補給が追いつかなくなります。だからといって、やみくもに食事量を増やせばよいわけではありません。競技によって消費されるエネルギー量は変わっていきます。そのため、摂取すべき栄養素の割合も異なります。

本書では、競技のタイプを運動時のエネルギー供給によって「ハイパワー」「ボールゲーム」「ローパワー」の3つに区分し、それぞれの競技に適した食事法を紹介していきます。

また、ウエイトコントロールが必要な競技については、減量時と増量時に気をつけたいポイントを取り上げています。まず最初に、自分の競技タイプに合った食事がとれているか、チェックしてみましょう。

ハイパワー系チェックリスト

ハイパワーは短い時間で最大限パワーを発揮する競技。

陸上短距離、スピードスケート短距離、水泳短距離、柔道、野球、アメフト、ゴルフなどの選手はチェックしてみましょう。

1	運動後には早めに補食をとる	Yes	No
2	肉や魚、卵などを毎食摂取している	Yes	No
3	揚げ物や、油を使った調理法のものは控えるようにしている	Yes	No
4	たんぱく源はプロテインで補うより食事で補っている	Yes	No
5	ご飯に加えて、おかずは2品以上摂取している	Yes	No
6	レバー、マグロ、カツオなどビタミンB_6を含む食品を多くとっている	Yes	No
7	ご飯をきちんと食べている	Yes	No
8	キウイやいちごのようなビタミンCが豊富な食品の摂取を心がけている	Yes	No
9	外食の際は野菜のメニューを加えている	Yes	No
10	牛乳は1日500mLは飲んでいる	Yes	No

← 分析結果（P.6）

分析結果

Yesが 10個

現時点での食生活はパーフェクトです。たんぱく質の摂取、脂質のセーブ、野菜摂取への意識も高いです。このままのペースを維持していきましょう。

Yesが 7〜9個

おおむね安定した食生活を送れているようです。足りないものは栄養素なのか、摂取量なのか、Noになってしまった項目から自分に必要なものを浮き彫りにしましょう。

Yesが 4〜6個

バランスのとれた食生活にはもう一歩およばずです。ハイパワー系競技の特性と必要な栄養素をきちんと勉強し、自分に無理のない食生活を組み立て直しましょう。

Yesが 0〜3個

まずは意識の改革から始めましょう。食事はアスリートのからだをつくる基本中の基本です。その効果を知ることで重要性を理解し、バランスのよい食事を目指しましょう。

↓

ハイパワー系の食事計画についてはP.82へ

ボールゲーム系チェックリスト

瞬発力と持久力の両立に加え、高度な技術が必要な競技。

サッカー、ラグビー、テニス、バスケットボール、バドミントン、ホッケー、ハンドボールなどの選手はチェックしてみましょう。

1	たんぱく質の多い食品を毎食2品以上とっている	Yes	No
2	間食は不足した栄養素の補てんのためにする	Yes	No
3	普段から糖質をしっかりとっている	Yes	No
4	果物などビタミンを含む食品は1日2回は摂取している	Yes	No
5	野菜は色の濃いものと薄いものを2種類組み合わせている	Yes	No
6	1日で食べる食品の数を多くしている	Yes	No
7	1日2杯の牛乳を飲む（1杯約200mL）	Yes	No
8	鉄分を多く含む食品を意識している	Yes	No
9	空腹でトレーニングをしない	Yes	No
10	食事の自己管理を意識している	Yes	No

← 分析結果（P.8）

分析結果

Yesが **10個**

瞬発力向上と持久力向上、どちらに関しても完璧な食生活を送れています。このまま自分の成長と向き合いながら、食事の微調整をしていきましょう。

Yesが **7〜9個**

食事への意識は高く、知識量も豊富なようです。ほぼ完璧といえますが、あと少しの意識が自身のパフォーマンスを向上させます。何が足りていないのかを把握しましょう。

Yesが **4〜6個**

まだ完璧とはいえませんが、努力していることはわかります。分析結果とP.92以降をよくみて、ボール ゲーム系に必要なもの、自分に足りていないものを当てはめてみましょう。

Yesが **0〜3個**

トレーニングだけがアスリートの生活のすべてではありません。食事がアスリートにとってどれだけ大事なものか、それを知ることからスタートしましょう。

↓

ボールゲーム系の食事計画についてはP.92へ

ローパワー系チェックリスト

消耗が大きく、練習も試合もハードな競技。

マラソン、陸上長距離、スピードスケート長距離、水泳長距離、
自転車（ロード）、カヌーなどの選手はチェックしてみましょう。

1	ご飯、パン類は多めに摂取している	Yes	No
2	間食は高糖質な食べ物を意識している	Yes	No
3	疲れていても食べるようにしている	Yes	No
4	赤身の肉や魚を意識して食べている	Yes	No
5	大豆食品やほうれん草、レバーなどで鉄分を強化している	Yes	No
6	試合前の糖質は普段よりも多くとっている	Yes	No
7	豚肉加工品など、ビタミンB_1を含んだ食品をよく食べる	Yes	No
8	野菜や柑橘《かんきつ》系果物など、ビタミンCを含んだ食品をよく食べる	Yes	No
9	水分補給はこまめにしている	Yes	No
10	牛乳などでカルシウムを補給している	Yes	No

← 分析結果（P.10）

分析結果

Yesが
10個

栄養バランス、食事量、時間帯、すべて完璧です。ローパワー系競技に何が必要かをきちんと見極めたエネルギー補充ができています。このままの食生活を続けましょう。

Yesが
7〜9個

ほとんどパーフェクトですが、あと一歩の努力でこれまでの自分と差がつきます。ここからさらに磨いて、アスリートとして誇れる食生活を送りましょう。

Yesが
4〜6個

実力を最大限引き出せるかどうかは、食生活の調整にかかっています。ここぞというときに力を発揮できるように、もう一度、自分の食生活を見直してみましょう。

Yesが
0〜3個

ローパワー系はエネルギーの消耗が激しい競技です。このままの食生活ではからだを壊してしまう可能性もあります。しっかりと栄養をとれる食事計画を立てていきましょう。

↓

ローパワー系の食事計画についてはP.102へ

体重調整のためのチェックリスト 減量

アスリートとしてパフォーマンスの向上や大事な試合に向け、減量に取り組むこともあるでしょう。その際に正しい減量ができているかどうか、チェックしてみましょう。

1	体脂肪と体重の目標を定める	Yes	No
2	甘いものは食べない	Yes	No
3	低脂肪食品の摂取を心がけている	Yes	No
4	揚げ物や油で炒めたメニューは避けている	Yes	No
5	マヨネーズやドレッシングなどの調味料は控えている	Yes	No
6	ご飯を減らしすぎない	Yes	No
7	飲酒はしない	Yes	No
8	ジュースよりもお茶を飲んでいる	Yes	No
9	調理方法は煮る、ゆでる、蒸すを基本にしている	Yes	No
10	野菜、海藻、きのこ類は積極的に食べている	Yes	No

分析結果（P.13）

体重調整のためのチェックリスト 増量

アスリートの増量はただ体重を増やすことではありません。
体脂肪ではなく筋肉を増やすための食生活ができているか、
チェックしてみましょう。

1	食事の回数を増やす	Yes	No
2	摂取カロリーは1日の食事量で計算している	Yes	No
3	一度の食事で品数を多くしている	Yes	No
4	汁物にはうどんを入れるなど、具だくさんを意識している	Yes	No
5	練習後には必ず補食をとっている	Yes	No
6	食後の休息や睡眠をきちんととる	Yes	No
7	飲み物は牛乳がメイン	Yes	No
8	香辛料などを使って食欲を刺激している	Yes	No
9	丼もののメニューが多い	Yes	No
10	ご飯にはふりかけや梅干しなどを加えている	Yes	No

分析結果（P.13）

分析結果

Yesが 10個	きちんと食事計画を立てた上での、無理のないウエイトコントロールができています。このままのペースを守りながら、試合に向けて体重を管理していきましょう。
Yesが 7～9個	自分のからだと向き合うことはできているようなので、あとは微調整のみ。試合当日に向け、スケジュールを管理しながら足りない部分を補いましょう。
Yesが 4～6個	もう少しの努力次第で結果は大きく変わっていきます。思うような成果が得られていない場合は、食事計画をもう一度立て直してみてください。
Yesが 0～3個	このままの食生活を続けていると、ウエイトコントロールの成果以上にからだへ悪影響をおよぼしかねません。体重管理の方法をきちんと学びましょう。

↓

減量時の食事計画についてはP.142、
増量時の食事計画についてはP.146へ

Part4 競技力向上のための食事計画～競技別／世代別～

Part 1

アスリートが知っておきたい栄養素の基本

戦うからだには何が必要なのか。
どうやって強いからだをつくっていけばよいのか。
栄養の基礎を知ることが、その第一歩である。

➡食事の基本

栄養の話

戦うからだをつくるためにアスリートが考えておくべき食事

アスリートと食事の関係

トレーニングによって多くのエネルギーを消費するアスリートは、**運動量に見合った食事をする**ことが大切です。エネルギー不足の状態で運動を続けても、パフォーマンスが上がらないばかりか、ケガや疲労につながるからです。参考までに、厚生労働省の資料によると、1日に必要なカロリーの量は活動量の少ない成人女性の場合は、1400~2000㎉、男性は2200プラスマイナス200㎉程度が目安です。運動量にもよりますが、アスリートは1日あたり2500~4500㎉が必要になるとされています。意識してとっていかないと、たちまちスタミナ切れになってしまいます。

1日に消費されるエネルギーの中身には、3つの種類があります。**1つめは、基礎代謝といって、体温維持や呼吸のための、いわば人間が生きていくために最低限必要なエネルギーです。**体格の大きい人や、筋肉量や内臓といった脂肪を除いた部分の量が多い人ほど、基礎代謝が高くなります。

2つめは、食事誘発性熱産生です。これは、食事の後に消化や吸収のために消費されるエネルギーのこと。一般的な日本人の食事であれば、1日に摂取したエネルギーのうち約10％は、このために使われます。

そして**3つめが、スポーツをはじめ、家事や仕事などさまざまな活動で消費するエネルギー**です。アスリートは1つめと、3つめのエネルギーが一般の人よりたくさん必要になります。運動の強度が高いほど、より多くのエネルギーを消費することになるので、その分、食事でしっかり補う必要があります。

食事によってからだに良質な〝材料〟が補給されると、トレーニングとの相乗作用によって丈夫なからだをつくることができます。食事をおろそかにすれば、どんなにトレーニングをしてもからだは応えてくれません。トレーニングの効果も出にくいでしょう。

特に重要な栄養素には、**運動のエネルギー源となる糖質や脂質、そして、筋肉や血液などからだをつくるのに欠かせないたんぱく質があげられます。**これらを総称してエネルギー産生栄養素と呼んでいます。このほか、ビタミンとミネラルは微量栄養素といわれ、どの食材にもわずかしか含まれていませんが、からだを正常に機能させるには欠かせない栄養素です。

食事の基本

➡栄養の話

アスリートのエネルギー源である糖質がなくては始まらない

糖質の強みとその機能を理解する

人が生命を維持したり、スポーツなどの活動を行うために、主なエネルギー源となるのは糖質です。炭水化物といわれることもありますが、炭水化物には糖質と食物繊維の両方が含まれます。食物繊維は体内に吸収されず、エネルギー源にはならないため、エネルギー源としての炭水化物は糖質、ということになります。

エネルギー源として使われる栄養素には、糖質のほかに脂質もあります。場合によっては、たんぱく質が使われることもありますが、**アスリートのエネルギー源の中心になり得るのは、糖質にほかなりません。**

糖質の強みは、速効性のあるエネルギー源だということです。**糖質は、体内での消化・吸収という複雑なプロセスにおいて、早い段階からエネルギー源として使えるのが特徴です。**そして、その後もさまざまなタイミングでエネルギー源として力を発揮し続けます。速効性があるため、競技中にスタミナを切らさないためには最適なのです。

糖質には、1つの分子からなる**単糖類**、分子が2つつながっている**二糖類**、分子が多数つながっている**多糖類**があり、分子が2〜10程度つながったものは**少糖類（オリゴ糖）**と呼ばれます。**単糖類はそれ以上分解されないので、食べた後スピーディーに消化・吸収され**、競技開始直後のエネルギー源となります。ブドウ糖や果糖は、この単糖類にあたります。

二糖類にはショ糖（砂糖）、少糖類にはオリゴ糖、多糖類にはでんぷんなどがあります。

多くの分子がつながっているほど消化・吸収に時間がかかるので、時間差でエネルギー源として働いてくれます。そのため、さまざまな**糖質をしっかりとっていると、長時間運動をしていてもスタミナ不足になりにくい**のです。

これに対して脂質やたんぱく質は消化・吸収に時間がかかってしまいます。脂質やたんぱく質も大切なエネルギー源ですが、まずは糖質の摂取が第一と考えましょう。

糖質は炭水化物に含まれている

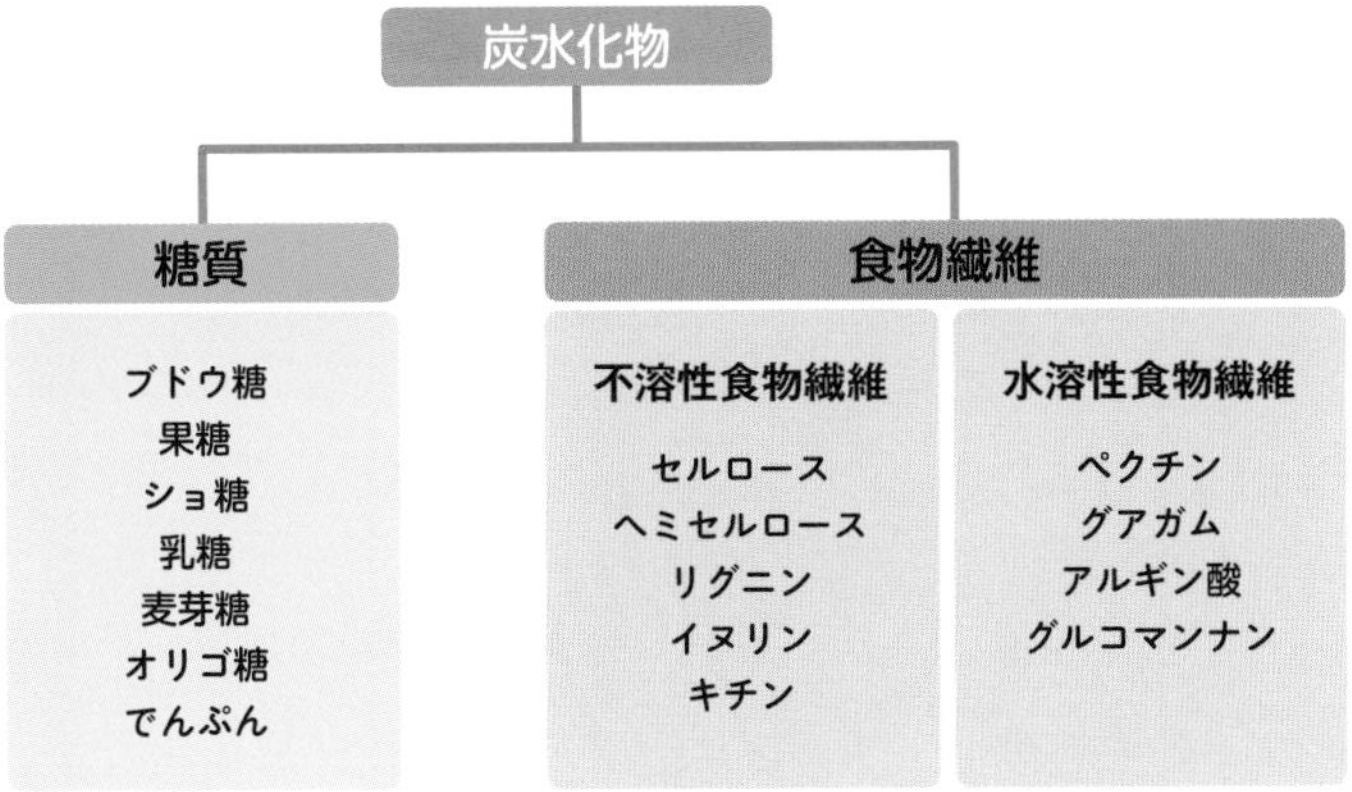

アスリートのからだづくりの基礎はたんぱく質が重要となる

必須アミノ酸に注目

たんぱく質は、筋肉をはじめ、骨、皮膚、髪、内臓、血液など、からだをつくる材料となる栄養素です。また、アスリートにとっては必要量の高い栄養素のひとつです。

トレーニングとは、筋肉に負荷をかけて破壊し、それを修復することによってからだをつくっていく行為です。修復のため、からだは多くのたんぱく質を必要とします。たんぱく質が不足していると、筋肉がつきにくいばかりか、やせ細ってしまうこともあります。

筋肉のほとんどは水とたんぱく質

筋肉の約80%は水でできている。
残りの成分の80%をたんぱく質が占めている。

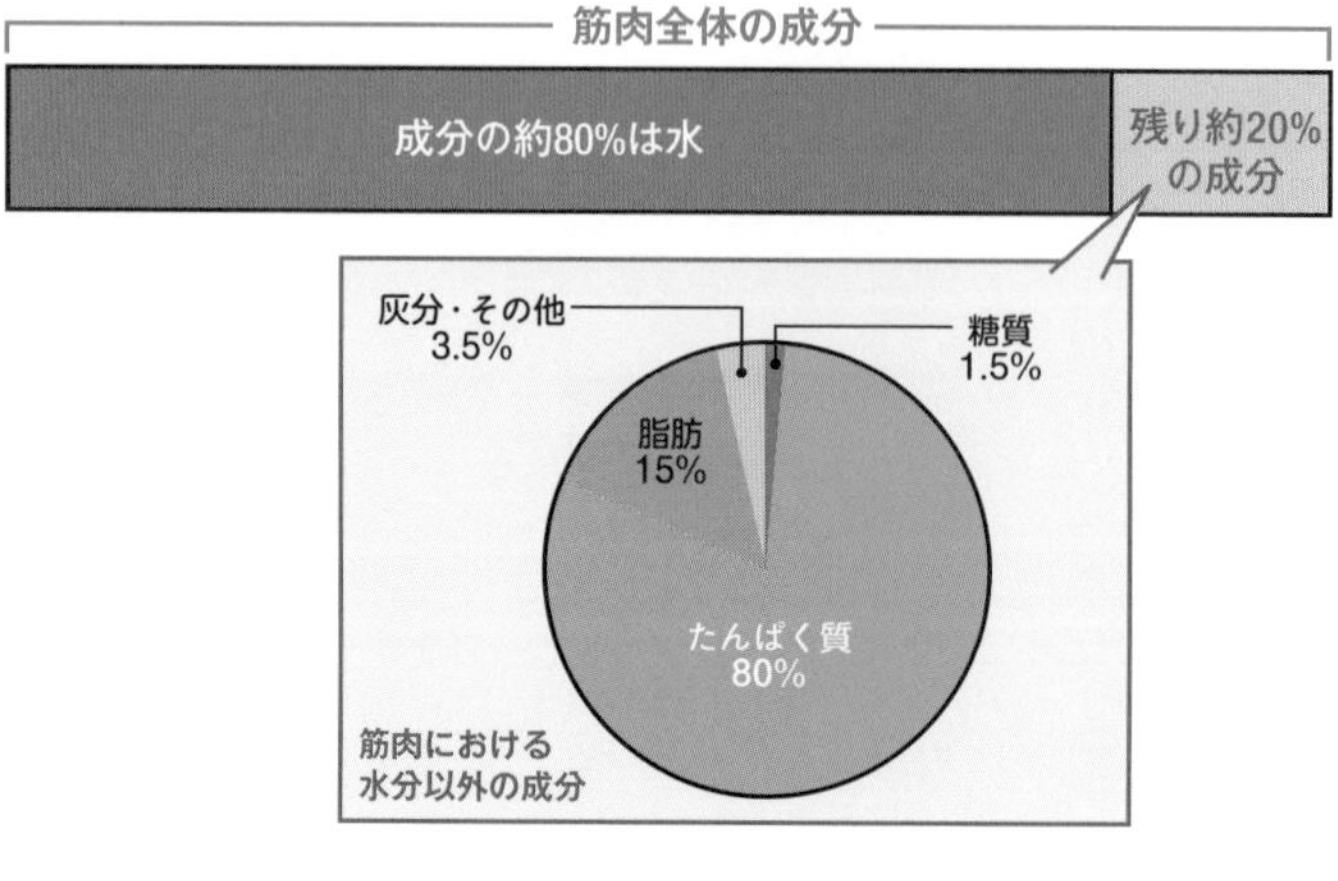

食品などから摂取したたんぱく質は、まずは体内でアミノ酸という物質に分解されます。一時的に肝臓に蓄えられたアミノ酸は、必要に応じていくつかが結びつき、組織で合成されます。その後、血液を介しアミノ酸となります。たんぱく質を構成しているアミノ酸は、約20種類。そのうち、**イソロイシン、ロイシン、リジン、メチオニン、フェニルアラニン、スレオニン、トリプトファン、バリン、ヒスチジンの9種類は人間の体内で合成できず、食事からとる必要があります**。これを必須アミノ酸といいます。

この必須アミノ酸は、体内で1種類でも不足していると、ほかが揃っていてもうまく働かないという特徴があります。必須アミノ酸が比較的バランスよく含まれている食品としては、卵、牛乳、魚や、肉類などがあげられます。

たんぱく質を構成しているアミノ酸は、たくさんとってもからだに貯めておくことができません。使いきれなかった分は脂肪になってしまうので、とり過ぎは禁物です。からだが糖質などのエネルギー源を使い切ってしまったときに、筋肉が分解されてしまいます。**アミノ酸は、常に過不足のない状態にしておくのが理想なのです**。こうしたことから、たんぱく質は1日に必要な量を朝、昼、夕の3食に分けてとるようにしましょう。運動量が特に多い人は、より多くのたんぱく質を必要としますが、よほどハードな減量でもしない限りは必要量をとりきれないということはないでしょう。通常食で摂取できなかった場合は、間食という形でとるとよいでしょう。**適量のたんぱく質を小分けしてとっていると、トレーニングの後、筋肉づくりのためにアミノ酸を有効に活用できます。**

役割と性質を理解すれば、脂質はアスリートの味方

脂質の種類と摂取量

脂質というと、ネガティブなイメージがあるかもしれません。しかし脂質もまた、糖質やたんぱく質と並ぶ、エネルギー産生栄養素のひとつです。**人間の体内ではつくれない必須脂肪酸も含まれているので、一定の量は必ずとるようにします。**

しかし、とり過ぎには注意しましょう。一定の量を超えてしまうと使われない脂質は体脂肪となり、運動パフォーマンスを低下させる原因になります。さらには、常に必要以上の脂質が体内にあることで、糖質からのエネルギー産生の割合が減少します。**脂質は炒めものなどの**

調理用油だけでなく、バターやマーガリン、調味料、ドレッシングなどいろいろな食材に含まれています。知らない間にとり過ぎないようにしましょう。1日3食をきちんととっていれば、不足することはまずありません。

また、脂質の主成分である脂肪酸の種類を知り、上手に選ぶことも大切です。脂肪酸には大きく分けると飽和脂肪酸と不飽和脂肪酸の2つがあります。

飽和脂肪酸は、肉の脂身やバターといった動物性の脂肪に含まれ、増えすぎると動脈硬化や心筋梗塞、脳梗塞などの生活習慣病の危険因子にもなります。たんぱく質をとるために肉ばかりを選んでいると、知らない間に飽和脂肪酸のとり過ぎになるかもしれません。挽き肉やバラ肉は特に脂肪が多くなります。肉はアスリートにとって大切なたんぱく源ですが、脂質過多の食事にならないよう十分に気をつける必要があります。これに対して**不飽和脂肪酸にはオメガ3系、6系などがあります。サバやサンマ、イワシなどの青魚の脂に含まれているEPA（エイコサペンタエン酸）やDHA（ドコサヘキサエン酸）はオメガ3系脂肪酸のひとつで、血液をサラサラにする効果など、健康にいいことで知られているので、積極的にとりましょう。オメガ6系脂肪酸はよく利用される植物油に多く含まれますが、とり過ぎると動脈硬化やアレルギー疾患の悪化につながります。揚げ物やスナック菓子などの食べ過ぎには注意しましょう。**

このように、脂質といっても種類はさまざまです。とるものの偏りをなくし、それぞれの特性を知って味方につけましょう。

アスリートのからだの機能をキープするビタミン

栄養素を有効に活用するビタミン

ビタミンは、それ自体がエネルギーになったり、からだをつくる材料になるわけではありませんが、ほかの栄養素の働きをサポートしたり、からだの機能を整える働きがあります。全部で13種類あり、アルコールや油脂に溶ける脂溶性ビタミンと、水に溶けやすい水溶性ビタミンに分けられます。

脂溶性ビタミンには、ビタミンA、D、E、Kがあります。これらは肝臓などに蓄積されるため、過剰症を予防するために、厚生労働省により摂取量の上限が設けられています。とはいえ、ふつうの食べものからとっている限りはとり過ぎはさほど気にしなくてもいいでしょう。

水溶性ビタミンにはビタミンB_1、B_2、B_6、B_{12}、ナイアシン、パントテン酸、葉酸、ビオチン、ビタミンCがあります。**水溶性ビタミンの場合、使いきれない分は体外に排出されてしまい、体内で蓄えておくことができないため、食品から毎日とることが望ましいです。**

そして、ビタミンにはエネルギー産生栄養素の働きを助けるという役割もあります。たとえば、糖質や脂質をエネルギーに変えるには、ビタミンB_1のサポートが必要です。たんぱく質の代謝にもビタミンB_6が欠かせません。糖質やたんぱく質をしっかりとったとしても、**栄養素を有効に活用できるかどうかは、ビタミンの働きにかかっているのです。**

ビタミンB群は、ほかにも体内でさまざまな働きをするため、いろいろな種類がとれるように意識しましょう。

このように重要な働きがあるビタミン類ですが、ついとりそびれてしまう栄養素でもあります。特に、手軽に食べられる丼ものや一品料理は、栄養が糖質やたんぱく質に偏りがちです。そんなときには、つけ合わせを1品添えるなどして、ビタミン類を含む食品を補うようにしましょう。

主なビタミンの種類とその働き

名称	運動との関連	主な供給源
ビタミンB_1	糖質代謝が亢進※しているときや糖質の摂取量が多くなると欠乏が考えられ、エネルギーの不完全燃焼を起こす	胚芽（米、小麦）、脱脂大豆、ごま、落花生、酵母など
ビタミンB_2	運動量が増加していると必要量も増加する。脂質摂取量が多い場合や脂質代謝が亢進※していると必要量が増す。不足するとエネルギーの不完全燃焼を起こす	やつめうなぎ、レバー、牛乳、卵、肉、魚、アーモンドなど
ビタミンB_6	たんぱく質代謝が亢進※しているとき、たんぱく質摂取量が多い場合にはビタミンB_6の必要量は高まる	かつお、まぐろ、さけ、さんま、牛、いわし、鶏肉など
ビタミンB_{12}	菜食主義者に欠乏症がでやすいが、パフォーマンスへの影響については明確ではない	レバー、さんま、あさり、にしんなど魚介類全般
ビタミンC	ビタミンCの摂取による競技力の向上はみられないが、運動量の増加に伴って必要量が増している可能性がある	いちご、みかん、柿、キウイ、菜の花、さつまいもなど
ビタミンA	明暗、色の識別に関与している。過剰症（頭痛、筋肉痛等）にも配慮する必要がある	レバー、うなぎ、にんじん、モロヘイヤなど
ビタミンD	ビタミンDの欠乏は、筋力の低下と関連する。神経一筋の運動支配機能の向上と関連する。骨強化の重要な因子である	くろかじき、さけなど魚類全般、きくらげ、ピータン、卵
ビタミンK	欠乏症がほとんどみられないが、無月経を伴う低骨密度者に有効という説がある	ほうれん草、小松菜、春菊、納豆、わかめなど

樋口満編著『新版コンディショニングのスポーツ栄養学』、市村出版、2007年、100、102ページ
※亢進：高ぶり進むこと

アスリートに必要なさまざまな栄養成分を含むミネラル

食事は鉄とカルシウムを意識して

ミネラルは独自の働き以外にも、ほかの栄養素の働きを助けたり、からだの機能を調整する大事な栄養素です。ミネラルは少量をバランスよくとることが重要なので、3食をきちんと食べていれば、だいたいのものはそれほど不足することはありません。しかし例外として、**アスリートには鉄とカルシウムがやや不足傾向にあります。この2つはアスリートにとって重要な働きをするため注意が必要です。**

鉄は、血液中に酸素を運ぶヘモグロビンを構成している成分です。ヘモグロビンは、呼吸によって肺から取り入れた酸素を全身の細胞に運ぶという、大事な働きをしています。ところが、激しい運動により呼吸量が増えると、酸素をより多く消費します。**それに加えて、大量の汗とともに鉄が失われるため、貧血になります。**貧血になると、持久力が低下して運動を続けられなくなるでしょう。そして、骨の構成に関係するカルシウムは、体内にもっとも多く存在するミネラルです。骨は毎日、新しい組織と古い組織が入れ替わることで、からだや筋肉を支える強度を保っています。カルシウムが不足することで骨の生成が行われず、骨が次第にもろくなります。

ほかにも、**ミネラルが不足することで起こる症状はいくつかあります。**たとえば、マグネシウムには筋肉を弛緩させる作用があるので、トレーニング中によく足がつるという人は、カリウム、ナトリウム、マグネシウムのバランスが悪いのかもしれません。

また、ナトリウムやカリウムは、お互いにバランスをとることで体内の水分量を調節したり、血圧をコントロールしています。

ミネラルは体内において絶妙なバランスで力を発揮します。毎日少しずつ、コツコツとることが大切です。

ミネラルに含まれる栄養素とその働き

名称	主な供給源	主な働き
カルシウム	牛乳、乳製品、骨ごと食べられる小魚、緑黄色野菜	強い骨や歯を維持し、からだのさまざまな機能を調節する
鉄	レバー、しじみ、あさり、緑黄色野菜、大豆、大豆製品	赤血球の成分として全身に酸素を運ぶ
リン	わかさぎ、いわし、かつお、豚レバー	骨や歯をつくる。エネルギー代謝にも必須
マグネシウム	海藻類、大豆、穀類、野菜類	循環器と骨の健康を支える
カリウム	ほうれん草、春菊、バナナ、里芋、納豆	細胞機能を支え、生命活動を維持する
銅	レバー、カキ（貝）、大豆	酵素の構成成分として、赤血球の形成などに働く
ヨウ素	海藻類、魚類	甲状腺ホルモンをつくる材料になる
マンガン	松の実（生）、穀類、豆類	酵素の構成成分として、骨代謝などに関わる
セレン	魚介類、穀類	酵素の構成成分として、抗酸化に働く
亜鉛	カキ（貝）、牛肉、米	多くの酵素の成分として多様に働く
クロム	海藻、豆類、調味料・香辛料類	インスリンの働きを助け、糖質の代謝に働く
モリブデン	豆類、穀類	酵素を助ける、尿酸の生成などに働く
ナトリウム	調味料、魚介加工品、だし	生命活動の根幹、細胞機能を維持する

「『食品成分最新ガイド　栄養素の通になる』第3版　上西一弘著　女子栄養大学出版部（2012）」を参考に作表

➡栄養の話

アスリートに不可欠な「水」という栄養素について考える

からだの半分以上を占める水分

成人のからだの約60％は、水からできています。飲み物や食事から摂取した水分は、からだの中で、細胞内液や血液、リンパ液などの成分として蓄えられています。適量の水分をとることで血液が循環し、栄養素やヘモグロビンをからだのすみずみまで行き渡らせます。そして、いらないものを老廃物として排出するという、理想的なサイクルをつくっています。これは、アスリートが健康なからだを維持するうえで、とても大切なことです。

また、**水にはもうひとつ特筆すべき点があります。それは、からだに必要なミネラル成分、カルシウム、マグネシウム、ナトリウム、カリウムなどが含まれているということです。**これらが体内でバランスを保ち、筋肉の動きをスムーズにしたり、血圧のコントロールに力を発揮します。

さらに水分は、体温調節にも大きく関係しています。運動や気温の上昇によってからだが高温になったとき、汗がたくさん出るのは自然の体温調節機能によるものです。汗を蒸発させてからだの熱を奪い、体温を下げているのです。そのため、運動の前・中・後はからだが多くの水分を必要とします。ここで**水分を補給しないでいると、汗を出せないためからだに深刻な影響が出るでしょう。**まず、アスリートとしてのパフォーマンスが低下するポイントは体重のおよそ2％相当の水分がなくなったときです。その後、脱水が進むと、頭痛や吐き気に襲われたり、熱中症など命に関わる状況に陥ることも。それくらい、運動時の水分は重要なのです。

　水分補給の際に、ジュースなど糖質を多く含んでいる飲み物は液体の濃度が高いため、胃から腸への水分移動がゆっくりになり、水分が吸収されるのが遅くなります。これに対して水は濃度が低いため、素早くからだに吸収されます。ただし、一気に飲み過ぎると血中のナトリウム濃度が低下し、危険な状態に陥るので、定期的な補給を心がけましょう。

水分が減ると運動能力は低下する

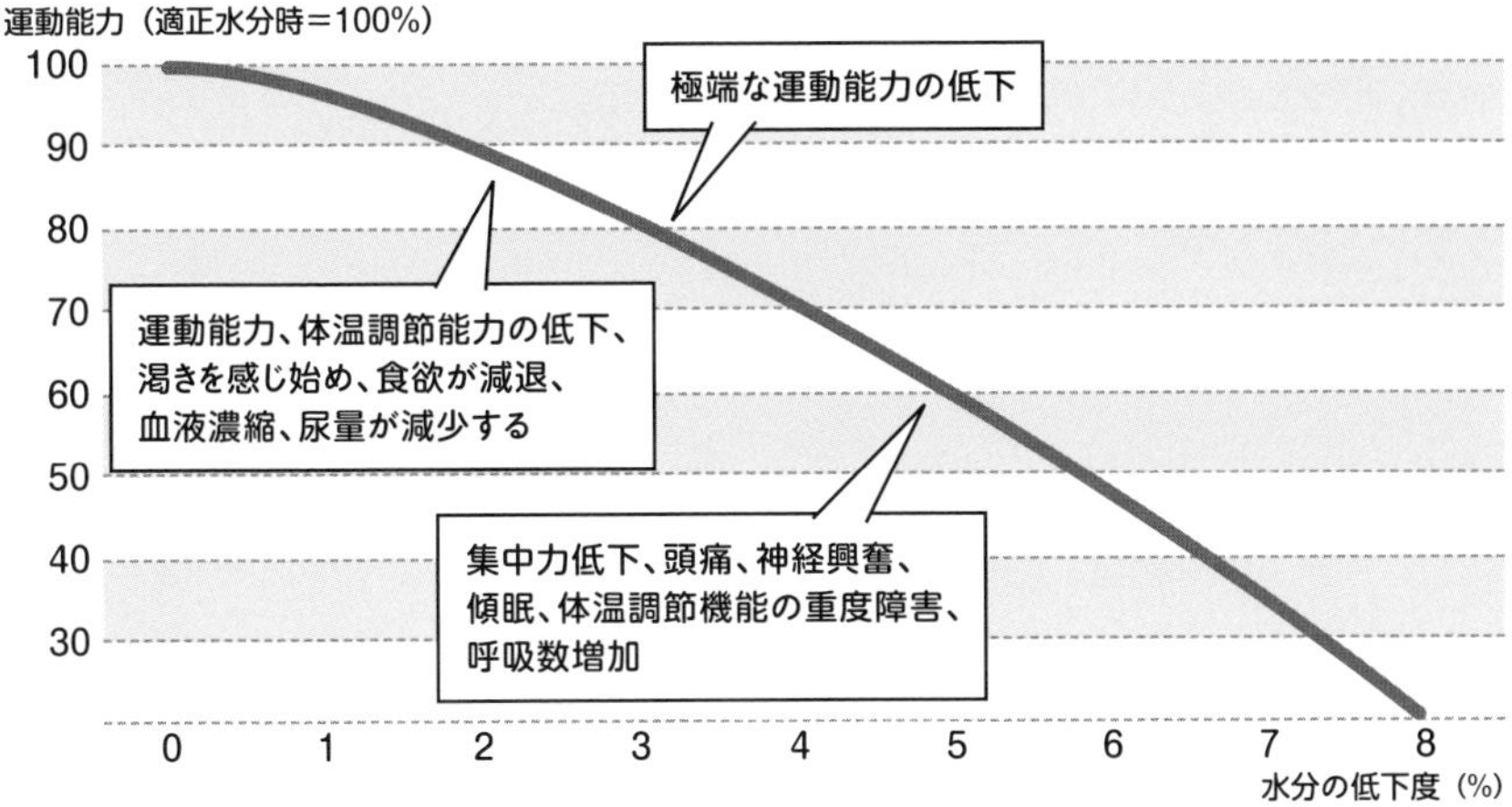

■ 症状と運動能力から見た水分喪失度の予測
Frye 1995、Greenleaf 1992改編

※この図は半定量的で、症状の起き方、重症度、強さは実際には運動強度、体力レベル、適応度、気温、相対湿度によって変わります。

COLUMN

日本の食事と食品のよさを語れるアスリートを目指す

アスリートが食事を考えるうえで、日本はとても恵まれた国だということをご存じでしょうか。日本食は、アスリートにとって栄養的にも環境的にも優れているのです。

まず、日本の食事は、ご飯を中心とした主食、肉や魚がメインとなる主菜、野菜やきのこや海藻を使った副菜、さらにはお味噌汁といった汁物が加わり、そこに飲み物やデザートとして牛乳や果物を組み合わせた栄養バランスのよい基本の献立が日常となっています。加えて、四季によって旬の食品がさまざまなのも魅力です。

そのうえで、アスリートにかかせない糖質の多い食品が豊富です。お米、雑穀、麺類やパン類など、たくさんの種類があり、シチュエーションによって使い分けることも可能ですし、毎日の食卓に変化をつけることができます。

また、和食は洋食にくらべて、油分や脂肪分が少ない傾向にあります。魚料理のバリエーションも多く、納豆や豆腐などの大豆製品も豊富なため、低脂肪で良質なたんぱく質を摂取することができるのです。海外ではあまりなじみのない「お弁当」という文化も日本ならではで、いつもの献立と遜色ないメニューを持ち運びできるというメリットがあります。

そして、日本食は調理の面においても優秀といえます。揚げる・炒めるなどの油分を多く必要とする調理方法は、脂質を低下させることが難しくなりますが、日本食は、煮る、ゆでる、蒸す、和える、漬ける、と油を使わず、食品のおいしさを生かすさまざまな調理方法があります。減量時や増量時に合わせて、栄養素の微調整をすることができます。

さらに、日本は衛生管理にも優れています。日常生活の中で当たり前のように生卵や生のお刺身を食べていることからもわかるように、新鮮で安全な食品を常に摂取できるという面において、日本は世界でもトップレベルです。

海外の選手やスポーツ関係者に、日本の食文化を語れる姿を目指していきましょう。

Part 2

「強いからだ」をつくる食事の基礎知識

アスリートは、食事を理解することで強くなる。
正しい食事は、必ずや勝利へと道を開いてくれるだろう。
学ぶことが、勝者へのカギになる。

アスリートの食事の基本は栄養のバランスを整えること

食品を分類で考える

人間のからだは、その人が食べたものによってつくられます。したがって、よりよいパフォーマンスを目指すなら、充実した食事が欠かせません。ここでいう**充実した食事とは、運動に必要なエネルギーや栄養素がしっかりとれる、バランスのいい食事**ということです。

そうはいっても、どの栄養素を1日に何gとる、といったことまで考えなくても大丈夫です。毎日いろいろな食品を食べていれば、必要な栄養素はおのずとまかなえます。しかし、人には好きなもの、苦手なものがあるため、いろいろなものを食べているようでも、実は偏りがあるということもあるでしょう。

そこでおすすめなのが、**食品を大まかに分類してバランスをとる方法です。具体的には、肉類・魚介類・卵類・豆類などのたんぱく源、油脂類、穀類、野菜類、海藻、きのこ類、果実類、乳類という6つのカテゴリーで考えていきます。**朝食で穀類と野菜類を食べたら、昼食ではたんぱく質や海藻をプラスするというように、いろいろなカテゴリーから食品を選ぶのです。毎食ごとにバランスのいい食事を用意できなくても、**1日3食かけてすべてを網羅できれば、その日はバランスよく食べられた**ことになります。仕事や学業などで忙しい時期は、食生活そのものが不規則になるため、実践できないこともあるでしょう。そんなときは週末だけでも続けてみましょう。

また、食品の栄養というと、ごはんなら糖質、お肉はたんぱく質というように、ひとつの栄養素と結びつけて考えがちですが、実際には単独の栄養素でできている食品というのはありません。ごはんなら糖質のほかにたんぱく質や微量ながらビタミン、ミネラルなどが含まれています。豚肉は、たんぱく質のほかにもビタミンB_1やB_{12}が豊富です。そして、野菜にも、糖質は含まれています。

栄養素はお互いに協力して働くものなので、いろいろな食品を食べていれば、自然と栄養のバランスはとれるものなのです。さらに、**旬の食品にはその時期にしか味わえないおいしさがあります。栄養はサプリメントなどに頼らず、食事を楽しみながらとりたいものです。**

1日の食事の摂取エネルギーの目安

推定エネルギー必要量（kcal/日）

年齢	男性 身体活動レベル 低い（Ⅰ）	男性 ふつう（Ⅱ）	男性 高い（Ⅲ）	女性 身体活動レベル 低い（Ⅰ）	女性 ふつう（Ⅱ）	女性 高い（Ⅲ）
12〜14（歳）	2,300	2,600	2,900	2,150	2,400	2,700
15〜17（歳）	2,500	2,800	3,150	2,050	2,300	2,550
18〜29（歳）	2,300	2,650	3,050	1,700	2,000	2,300
30〜49（歳）	2,300	2,700	3,050	1,750	2,050	2,350
50〜64（歳）	2,200	2,600	2,950	1,650	1,950	2,250
65〜74（歳）	2,050	2,400	2,750	1,550	1,850	2,100
75歳以上	1,800	2,100	ー	1,400	1,650	ー

身体活動レベル

低い（Ⅰ） 生活の大部分が座位で、静的な活動が中心の場合

ふつう（Ⅱ） 座位中心の仕事だが、職場内での移動や立位での作業・接客等、あるいは通勤・買い物・家事、軽いスポーツのいずれかを含む場合

高い（Ⅲ） 移動や立位の多い仕事への従事者、あるいは、スポーツ等余暇における活発な運動習慣を持っている場合

『日本人の食事摂取基準（2020年版）』より改変

➡からだづくり

ジュニア期は「食べる」訓練をする時期だと考える

技術向上だけでなく発育も考える

小中学生はからだの土台をつくる時期。そのため、競技技術のスキルアップも大事ですが、**発育・発達を優先させることのほうが重要**です。また、発育・発達の個人差が大きい時期でもあるので、ひとりひとりの成長の度合いや個性に合った食事を考えるようにしましょう。

この時期に無理なトレーニングを行うと、将来の競技人生にダメージを与えてしまうことも考えられます。フィギュアスケートなど、見た目の美しさも重視される芸術系スポーツは、スタイルを重視して食事を制限することがありますが、**小中学生のころに食事制限をし丈夫なからだができていないと成長期の後にケガをしやすくなることがあるので、エネルギーを満たしたバランスのいい食事を心がけてください。**

どの年代も必要な栄養素は食事からとるのが基本。サプリメントはどうしても栄養がとりきれないときのサポートとして使用します。しかし、やはり小中学生のころは食事から栄養をとるようにします。そのためには、食べ物の好き嫌いをなくすことです。また普段から、しっかり3食をきちんと食べるようにします。ジュニア期は「食べる」ことがトレーニングの一環なのです。このトレーニングをつんでおくことで、スポーツのしすぎで疲れ切り、食欲が出なかったり、食事をせずに寝てしまい必要な栄養がとれなくなるということを解消することができるのです。

スポーツができるからだをつくっているのは毎日の食事です。**小中学生のころから栄養摂取に関する正しい知識を学び、各栄養素がどのような食品に含まれていて、どのような食品を選べばいいのか、具体的な知識を身につけることは、これから続く競技人生において不可欠です。**

小中学生のころは好きなものばかり食べてしまいがちなので、「肉・魚のおかずをひと口→ごはんをひと口→野菜のおかずをひと口→ごはんをひと口」という「三角食べ」を覚え、毎食実践するようにしましょう。

➡からだづくり

体脂肪との付き合い方を考える女性アスリートの食事

貧血や骨密度の低下に要注意

女性アスリートにとって重要な課題のひとつに、体脂肪のコントロールがあります。体脂肪は本来、人間の生命を維持するために欠かせないもの。**体温を維持したり、細胞やホルモンの構成成分になったり、からだを衝撃から守るクッションのような役割**も果たしています。できるだけからだに蓄積させない意識も大切ですが、人のからだには、ある程度の体脂肪が必要です。

体脂肪は増え過ぎるとからだが重くなり、健康に害を及ぼすようになって思うようにパフォーマンスができなくなります。そのため、アスリートは男女を問わず、体脂肪のコントロールを心がけます。しかし特に**女性アスリートの場合、体脂肪を落とすための食事制限によって、貧血や骨密度の低下という新たな問題に直面する**ことになります。

食事制限で気をつけなくてはならないのは、食べる量が全体的に少なくなり、摂取できる栄養素の量まで減ってしまうことです。特にたんぱく質、鉄などの摂取量が少なくなると、鉄欠乏性貧血になります。

運動時、からだはより多くの酸素を必要としますが、貧血の状態では全身に酸素を行き届かせることができないので、パフォーマンスの低下につながります。

また、**体脂肪を気にするあまり、食べることに罪悪感を持ってしまう人もいます。こうした意識が強くなると、やがて、摂食障害を引き起こす恐れもあります。**ダイエットの必要がないくらいやせていても、食べる量を増やすことができず、体力がどんどん落ちてしまうのです。それに加えて、**体脂肪は女性ホルモンにも深く関係しています。**個人差はありますが、体脂肪が15％以下になると、女性ホルモンのひとつであるエストロゲンの分泌に影響を及ぼし、月経異常や無月経になることがあります。女性ホルモンが低下すれば、疲労骨折のリスクにもつながります。このような状態になると、競技を続けること自体が難しくなります。女性アスリートが第一に心がけてほしいのは、食事を抜かず、上手に食品を選択して1日3回の食事をしっかりとることです。

男性と女性のからだには大きな違いがある！

一般的に、女性のほうが筋肉量が少なく、体脂肪が多いといわれます。女性のからだは妊娠や出産のため、エネルギーとなる体脂肪を蓄えやすくなっているのです。

そのため、体重が極端に減少することが少なく、万が一、減少してもすぐ回復できるように、からだを守る力が備わっています。

女性アスリートは、こうした女性ならではの特徴を理解したうえで、体脂肪をコントロールしましょう。

体重や体脂肪の数値だけを追いかけてしまうと、食べる量がどんどん少なくなってしまいます。

食事制限を行うとすれば、筋肉や骨などの除脂肪量を増やし、余分な体脂肪だけを落とすようにしましょう。

➡からだづくり

サプリメントは栄養補助として条件を守って摂取しよう

サプリメントは栄養補給の中心ではない

栄養管理をしっかり行うために、サプリメントの利用を検討している人もいるでしょう。サプリメントは、特定の栄養素を手軽にとれる健康食品として、さまざまなメーカーから多様な商品が販売されています。しかし、**アスリートの栄養補給は食事が基本です**。**サプリメントはあくまで限定的**に取り入れましょう。栄養素にはそれぞれ役割があります。よく「ビタミンは○○に効果がある！」などと、その効用がクローズアップされることもありますが、からだにいいからといって、それだけをたくさんとればいいというわけではありません。**栄養素には、それぞれ摂取量の上限があります**。それを示すものとして厚生労働省では、過剰摂取による健康障害を起こすことのない、栄養摂取量の最大値について、ガイドラインを定めています。たとえば、鉄が欠乏すると鉄欠乏症になりますが、とりすぎると胃腸に障害をきたしたり、肝機能の低下を招くこともあるようです。食べものから栄養をとっている場合は、よほどのことがない限り過剰摂取になることはありませんが、**一般的なサプリメントを使用する場合には、こうした上限の値に**

ついても知っておく必要があるでしょう。

食べものとサプリメントの大きな違いは、含まれる栄養素の種類と量です。食べものにはさまざまな栄養素が少量ずつ含まれていますが、サプリメントには特定の栄養素のみ含まれているものがほとんどです。本来は、毎日の食事で少しずつとっていく栄養素も、サプリメントでは一度に大量に摂取することができるのです。このことは、**ひとつの栄養素のことだけを考えるなら、効率的にとれるようにも感じますが、同時に、体内の栄養バランスを崩してしまう可能性もはらんでいます。**たとえばビタミンやミネラルは、体内で複数の栄養素が絶妙なバランスを保ち、影響し合って作用しています。どれかひとつが極端に増えると、別の栄養素が吸収されなくなる、ということが起きることもあります。

サプリメントが食事をさしおいて主役になることはあり得ません。**特別な事情があり食事ではどうしてもまかなえない栄養素がある場合に、利用するものだと心得ましょう。**

ダイエタリーサプリメントとエルゴジェニックエイド

アスリートに向けたサプリメントはダイエタリーサプリメントとエルゴジェニックエイドの2種類に分類されています。ダイエタリーサプリメントとは食事ではとりきれなかった栄養素を補給する役目を担うサプリメントで、たんぱく質やビタミン、ミネラルなどの栄養補助食品となります。

エルゴジェニックエイドとは、スポーツ選手の運動能力に関わる可能性を持った栄養素や成分のことを指します。エルゴジェニックエイドに関しては、ドーピングの禁止物質が入っていることもあるので、通常のサプリメント以上に注意が必要になります。アスリートとして、睡眠や食事の正しい知識を持ち、アドバイザーの管理のもとで使用するものだと心得ましょう。

最新情報①

運動機能に大きく貢献！知られざるビタミンDのパワー

ビタミンDでパフォーマンスが向上する!?

これまで、スポーツ界におけるビタミンの役割はビタミンCやビタミンAが取り上げられることが多く、ビタミンDは骨代謝を促進する機能についての言及程度で、あまり注目されていませんでした。しかしいま、ビタミンDとパフォーマンスの向上関係について研究が進んでいます。近年、欧米のスポーツ現場ではビタミンD摂取について指導が行われることが多いようです。

人がビタミンDを得るには、紫外線につくってもらう方法と、食べ物から得る方法の2通りがあります。皮膚にはビタミンDになる前のビタミンD前駆体が存在しており、紫外線が肌にあたることによってビタミンDがつくられます。紫外線によってつくられたビタミンDや、食品から体内に取り入れられたビタミンDは、肝臓と腎臓で代謝を受け、活性化ビタミンDに変わります。ビタミンDの血中濃度は、季節によって変わり、夏場と冬場では大きく差がつきます。このためとくに室内スポーツの選手たちはビタミンDの摂取と日を浴びることへの意識が必要です。

活性型ビタミンDに期待される作用としては、筋たんぱく質合成を促進させ、欠乏や不足分を補う役目があります。筋たんぱく質が欠乏したラットにビタミンDを投与した結果、分解の減少と合成の亢進《こうしん》（※高ぶり進むこと）が起こっていることが報告されています。

あくまでも足りないものを補充するという役目ですが、**筋たんぱく質合成を促進させる効果が大きいという点でビタミンDの貢献度は高かったようです。**

そのほかにも、神経筋機能（いわゆる運動神経がいいね、といわれるもの）に関係があり、筋肉量はあがらないけれど反応が早くなる、といったことや、遺伝子発現にも影響しているなどの意見もあります。

ビタミンDは、スポーツ分野において今後注目の栄養素といって間違いないでしょう。

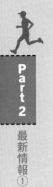

ビタミンDを多く含む食品

食品名	摂取量	含有量（μg）
サンマ（生）	1尾（可食部100g）	16.0
カマス（生）	1尾（可食部100g）	11.0
スズキ（生）	1切れ（可食部100g）	10.0
サケ（生）	1切れ（可食部100g）	32.0
卵	2個（可食部100g）	3.8
干ししいたけ（ゆで）	5個（可食部100g）	1.4
まいわしの丸干し	2尾（可食部60g）	30.0

『日本食品標準成分表〈2020〉』参照

最新情報 ②

運動後に牛乳が効果的!? 進化する水分補給を知る

衝撃的! 特別ドリンクの開発

2014年サッカーワールドカップにおいて、ブラジルの選手たちが使っていた飲料ボトルについてご存じでしょうか。飲料メーカーのゲータレードと共同開発をした特殊なボトルと特殊な組成の成分飲料です。**ボトルの飲み口部分にマイクロチップが入っていて、試合中に選手がどれだけ摂取したかがわかるようになっています。この情報はタブレット端末に送信され、コーチや監督が管理できるような仕組みになっています。**

しかも、開発の前段階でトレーニング時の尿や筋肉を摂取し、選手ひとりひとりに対してどれだけの水分飲料が必要かを調べ、つくり出された、各選手のスペシャルドリンクなのです。

これはとても画期的な取り組みであり、スポーツにおいてどれだけ水分補給が重要かを示すエピソードにもなりました。

栄養素としての水分については30ページ、摂取の方法としては78ページで詳しく述べていますが、スポーツにおける水分補給の研究は日々進化しています。

牛乳で暑さに慣れる

近年、熱中症の予防として牛乳を飲むことが効果的というニュースが紹介されました。具体的には、運動後30分以内に牛乳を1～2杯飲むと循環血液量が増えて発汗量が増し、より効果的に暑さに慣れるというものです。牛乳に含まれるたんぱく質をとることで、筋肉量が増えること、それにより循環血液量が増えているようです。

これは運動量が少ない人のデータなので、運動を始めたばかりの人にとってはとくに効果があるでしょう。

本格的な暑さの訪れる前の5、6月にこの方法を試してみると、夏本番の熱中症対策になるかもしれません。

運動中は難しくとも、運動が終わった後の水分補給に牛乳をとりいれてみるのもよいでしょう。

汗の役割とは？

人が汗をかく仕組みを知っていますか？　汗は体温調節のためにあります。

それはちょうど「打ち水」と同じで、汗が蒸発するときに皮膚の表面から気化熱をうばって熱を放散し、体温を調節しているのです。

汗1ｇの蒸発は0.58㎉の熱をうばいます。たとえば100ｇの汗をかき、それがすべて皮膚から蒸発したとすると、体重70kgの人ならば体温を約1℃下げることができるのです。

ですから、蒸発をせずにからだの表面からしたたってしまった汗は、本来の目的を達成できなかったムダな汗となってしまうのです。

発汗は、体内にたまった熱を放出し、一定の温度を保つためにあると思ってください。

最新情報
③

筋肥大を促進させるために高たんぱく食が有効とは限らない

過剰にたんぱく質を摂取する必要はない

運動に必要な筋肉を育てる働きをする体たんぱく質合成を促進するために、**食事においてたんぱく質を積極的に摂取するよう心がけるアスリートは少なくないでしょう。ですが、近年その考え方は改められるようになってきました。**

各国の食事のエネルギー比率を見てみると、たんぱく質は12～13％と、ほぼ同じとなっています。その中で、欧米の食事であれば脂質の比率が、アジアの国々の食事であれば炭水化物の比率が高いことがわかります。欧米の食事は高たんぱくというより高脂肪食であるにもかかわらず、欧米のアスリートは胸板が厚かったり、腕がたくましかったりと、筋肥大の効果がみられます。

これを踏まえて、アスリートにとって高たんぱく質な食事がどう影響するのかという実験が行われました。ラットに普通食、高脂肪食、高たんぱく食の3種類の餌を与えて比べてみたところ、ラットの後ろ足の筋肉の肥大に最も影響を与えたのは高脂肪食だという結果が出ました。

この結果から、**高たんぱく質が運動の筋肥大に必ずしも有効ではないということが示されました。**結局のところ、からだづくりにいちばん効果的なのは、まずはエネルギーを不足させないこと。そして、バランスよく栄養を摂取することです。**たんぱく質の摂取量に関しても、アスリートだからといって必要以上にたくさんとることはありません。**

アスリートでもたんぱく質の摂取量は、一般の人（体重1kgあたり1g程度の摂取）に比べて2倍程度までがちょうどいいとされています。もともと、人が筋のたんぱく質合成に利用できるたんぱく質の上限は1日に体重1kgあたり2g程度です。それ以上にたんぱく質を摂取したとしても、体たんぱく質合成が高まることはないのです。

まだまだ研究は続けられていますが、近年では、積極的にたんぱく質をとらなくても効率のよいからだづくりはできると考えられています（引用：「岡村浩嗣２０１４」）。

筋肥大の効果を上げるにはエネルギーが必要

日本人の普通の食事には、1食あたり20gのたんぱく質が含まれており、たんぱく質の量としては十分です。それよりも気にすべきは、エネルギーが不足していないかどうかです。

時折「プロテインを飲んでいるのに、筋肉がつかない」という人がいますが、そういう人はエネルギーに対する知識が間違っている場合があります。

炭水化物や脂質を十分に摂取していないと、アミノ酸がエネルギーに変換されてしまいます。本来の目的である筋の合成に使われないため、筋肉が大きくならないのです。

まずは、トレーニングのためのエネルギーが十分に足りている状態にしておくこと。それが、筋肥大の必須条件といえるのです。

COLUMN

女性アスリートの月経管理と栄養

多くの女性アスリートが、月経痛や月経異常、月経周期にともなうコンディションの変化など、さまざまな問題を抱えています。また、無月経や低体重のアスリートも少なくありません。無月経が長く続くと治りにくく、骨量の低下を引き起こしやすくなります。このためトップアスリートはもちろん、スポーツを楽しむすべての人に、ジュニア期から正しい月経の知識を持ってほしいものです。また、女子選手をみる指導者や関係者にも正しい知識と理解を深める必要があるでしょう。

目標とする試合で最高のパフォーマンスを発揮するためには、試合や練習日程に合わせ、月経周期を調節することも念頭に置いたほうがよいでしょう。月経周期の調節や月経困難症の治療などに用いられるのが低用量ピルです。低用量ピルは体重が増加しやすいというイメージを持つ人も多いのですが、最近はさまざまな種類の薬剤が認可され、体重が増えにくい薬剤を選ぶことも可能です。

低用量ピルは婦人科を受診し、医師に処方してもらう必要がありますが、アスリートの場合、一般女性と異なり、ドーピング禁止物質が含まれていない薬剤を使用しなければなりません。また、減量が必要なスポーツでは、服用後の体重の推移を医師などの専門家に確認してもらう必要があります。

このような、女性アスリート特有の問題に対応できる知識を持った産婦人科を受診する手助けとなる1つが、2014年に設立された「女性アスリート健康支援委員会」です。この委員会では産婦人科医向けに講習を行っており、全国のスポーツにくわしい産婦人科医をホームページで紹介しています。月経に関する悩みを抱えているアスリートは、一度チェックしてみるとよいでしょう。

月経異常を防ぐには、正しく食事をとることも大切です。特に、エネルギー源となる糖質が不足すると、エネルギー不足から月経不順や無月経になりやすいことがわかっています。とりわけ、減量が必要なスポーツのアスリートは不足しがちなので注意しましょう。

Part 3

試合に向けた食事計画
～ベストコンディションを目指す～

「練習の成果を確実に出したい。実力をしかと発揮したい」

この願いを叶えるためにはどうしたらいいのか。

ここではその方法を紹介しよう。

備えあれば憂いなし！試合に向けた準備期の過ごし方

基本の食生活と体調管理を確実に

試合を控えた本格的な準備期に突入した際には、当日までの日数を逆算し、食事計画を立てていきましょう。バランスよくすべての栄養素を摂取していくためには、**主食・主菜・副菜、といった食事の基本がそろいやすい和食を中心にした食生活をおすすめします。**和食は洋食に比べて、油を使わずに調理できる焼き魚や、納豆・豆腐などの大豆加工食品で、低脂質で良質のたんぱく質をとることができます。また、漬け物やお味噌汁といった塩分を含むメニューが多いので、一般の人より発汗量が多いアスリートには向いているといえます。基本的には、食事による体重の大きな減少と体脂肪の増加に注意しましょう。

肉料理に関しては、牛や豚ならばヒレやもも、鶏肉ならばムネ肉といったように、なるべく脂の少ない部位を使うとよいでしょう。サラダを食べる際には、マヨネーズやドレッシングなどに含まれている調味料の脂質量も気にかけましょう。マヨネーズは大さじ1あたり約9g、フレンチドレッシングならば大さじ1あたり約5gの脂質が含まれています。脂質の過剰摂取にならないよう注意してください。

また、体力を多く使い、ハードなトレーニングに励むアスリートは、免疫力が低下していることがあります。さらに、試合が近づいてくれば精神的なストレスから体調不良を引き起こす可能性もあります。**準備期の食事は、食べ慣れていない料理を食べることは避け、普段どおりの食事をするようにします。**万全の状態で試合に臨むためには、不安要素を取り除いておくことが大切です。

風邪の予防のために、普段から乾燥に注意しマスクをしたり、手洗いやうがいをすることもアスリートとして心がけておきたいものです。もし風邪の予兆を感じた場合は、水分補給をしっかりして悪化させないようにしましょう。

また、食中毒予防も大切です。**夏場の試合では特に注意してください。生ものの摂取は避け、なるべくなら調理器具も消毒しておきましょう。**もしもお腹を壊してしまったときは、すぐに病院へ行き、医師の診断をあおぐようにします。その際に、どのような食事をとるとよいか医師に聞くようにしましょう。

和食メニューの栄養バランス例

メニュー	エネルギー（kcal）	たんぱく質	脂質	ビタミン	ミネラル
刺身定食	500～600	たっぷり	少ない	ほどほど	ほどほど
焼魚・煮魚定食	450～550	多め	少ない	ほどほど	ほどほど
うな重	800～1000	たっぷり	多め	たっぷり	少ない
豚カツ定食	1000～1100	たっぷり	たっぷり	たっぷり	少ない
天ぷら定食	700～900	多め	多め	ほどほど	ほどほど

和食の中にもうな重や天ぷらなど、油分が多いメニューもありますので注意しましょう。

準備期の体重管理はバランスよく全体量を調整すること

増量と減量のコツ

ひとくちに減量、増量といっても、その方法は競技によって異なりますが（詳しくは142ページを参照）、食事の基本は脂質の摂取量を減らす、もしくは増やすことが理想です。

減量の際は、必要な食事の量と質まで減らしてしまわないように注意しましょう。考えるべきポイントはエネルギー量、エネルギー産生栄養素のバランスです。たとえば、ごはんとパンは、同じエネルギー量であっても、腹持ちそのものが大きく異なります。ごはんのほうが腹持ちがよく、満足感が得られるので、同じエネルギー量であれば腹持ちがよいほうをおすすめします。また、脂質は増量へつながるイメージが強いですが、不足しすぎると体調を崩すこともあるので、極端に避けることは控えましょう。

減量時には肉が敬遠されることもありますが、脂肪の少ない赤身肉やヒレや鶏肉の皮をとったもの、マグロやカツオといったものは少量でも十分なたんぱく質を含んでいます。こういった食品を上手に使い、バランスよく食事をすることも意識するようにしましょう。

増量で大切なことは、まずはエネルギーをしっかりととることです。たんぱく質を普段より多くとることが増量につながると考えがちですが、メインのエネルギー源である糖質量が足りていないと、代わりに、蓄えたたんぱく質を燃焼し、エネルギーに変えてしまいます。

また、「とにかくたくさん食べればいい」という姿勢は、アスリートにとって精神的負担にもなります。できれば、おいしく食べながら増量することが理想です。そのためには、調理の仕方、メニューの構成にも工夫が欲しいところ。エネルギーを上手にとるために、ご飯であれば、味付けご飯や具の多い炊き込みご飯にするとよいでしょう。汁物にはおもちやうどんを加えたり、副菜は肉じゃがやかぼちゃの煮物にするなど、糖質を含んだ食品を積極的に使うのも増量のコツとなります。

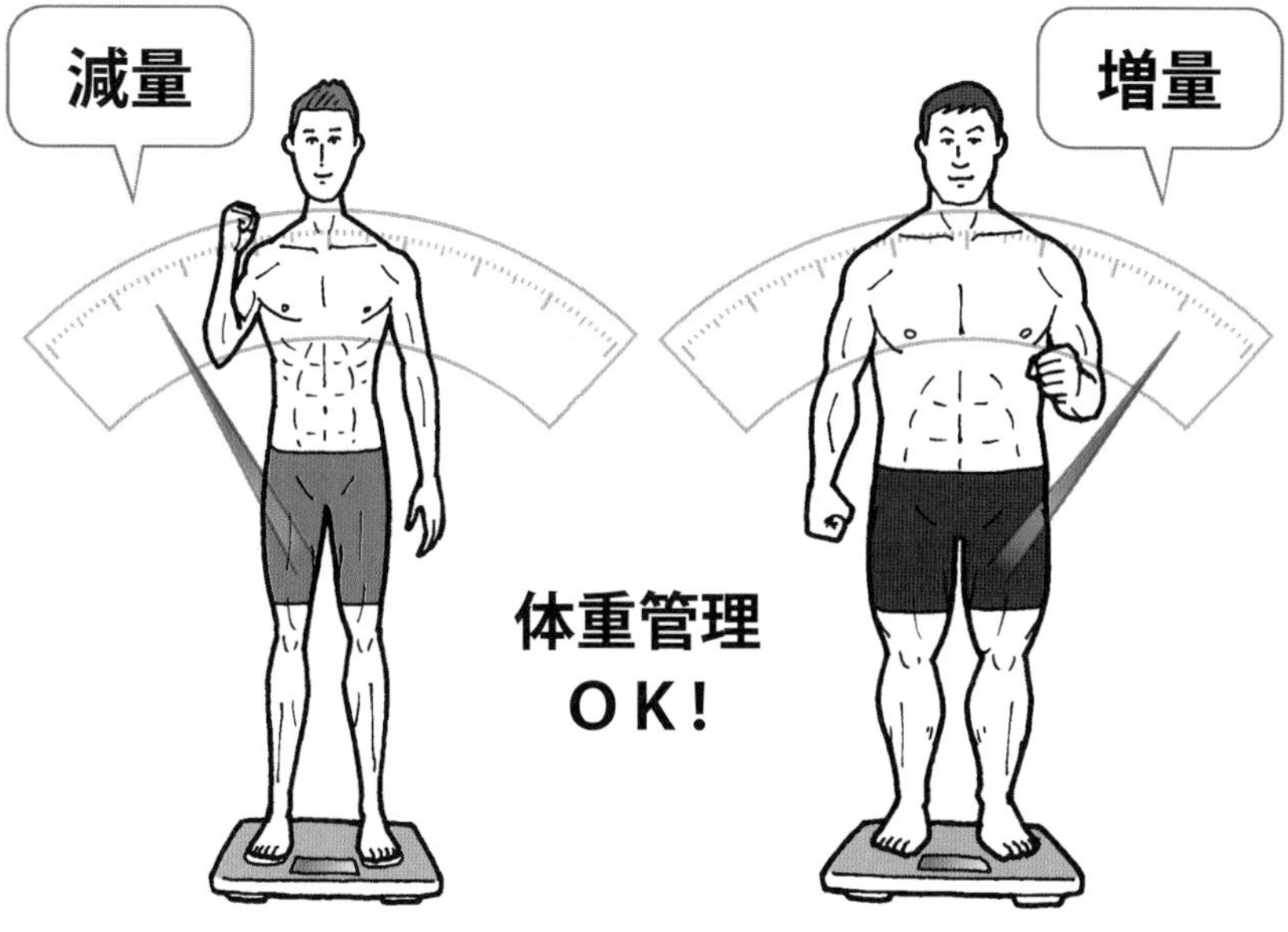

試合前に慌てないために、生活と食事のリズムをつくる

朝食から始まる1日のリズム

毎日の食事のリズムを整えておくと、慌てることなく試合の準備期に入っていけます。普段から生活のリズムを確立していきましょう。

まず1日の食事において最も重要なのは朝食です。ここがきちんととれていないと、1日のエネルギー補給が追いついていきません。**朝食は必ずとる習慣を身に付けてください。**時間が足りなくなり朝食を抜いてしまう、という事態を避けるためにも、朝は早めに起床しましょう。

朝食では血糖値を上げることが重要です。寝起きで食べる気がしない、という場合には、まずは水分をとり内臓を目覚めさせてあげてください。この際、水分は冷たくない常温のものがよいです。その後、軽いストレッチをしたりしてからだを覚醒させます。このあとで、炭水化物や果物などをとるようにします。

昼食は、学校においても会社においてもある程度時間が決まっているので、時間的な問題はそれほどありません。放課後や勤務後に練習が控えているのであれば、十分に炭水化物を摂取します。もし、昼食で

は足りないと感じたときは、**練習前に軽くパンやシリアルバー、エネルギーゼリーを食べるなど、補食をとりましょう。このとき、スナック菓子類やチョコレートなど、脂質が極端に高いものは避ける必要があります。**栄養の補給にならないだけでなく、そのあとの夕食を妨げることにもなりかねません。補食は、その日のトレーニングメニューと摂取したい栄養素に応じて日頃から準備しておくとよいでしょう。また、食事中の環境にも気を配りましょう。たとえば夕食の際には家族と話をしながら食べるなど、リラックスして楽しめる食事がよいでしょう。ただし減量している人はできるだけ食べることに集中し、何をどう食べたかということを意識してください。

大切なことは、食べたものがいつ、どのタイミングで消化されるか。その栄養素が何に使われるか、を意識することです。起床から練習、睡眠までの間に必要な食事の回数と摂取する時間を計算し、自分のトレーニングにふさわしい食事と生活のリズムを整えていきましょう。

目的に合わせた補食を用意する

目的	食品例
練習前のエネルギー補給	おにぎり、いなり寿司、巻き寿司、もち、食パン、ロールパン、あんパン、ジャムパン、シリアル、あんまん、カステラ、バナナ、麺類、パスタ類、エネルギーゼリーなど
練習後の体たんぱく質回復	ゆで卵、牛乳、ココア、ヨーグルト、チーズ、ハム、肉まん、ちくわ、かまぼこ、かにかまなど
練習前・練習後の水分補給	スポーツドリンク、果汁100％ジュース（オレンジ・グレープフルーツ）など

エネルギー源のグリコーゲンをいかに効率よく蓄えるか

グリコーゲンの低下をふせぐ

運動時のグリコーゲン不足は、パフォーマンスの低下をまねきます。しかしエネルギー源である糖質は、ある一定量までしか体内に蓄えておくことができません（70kg男性で350g程度）。**そこで試合の日程に合わせて、限界まで糖質の量を高めておこうというのがグリコーゲン・ローディングの考え方です。**

グリコーゲン・ローディングが特に有効なのは持久系の競技といえます。長時間にわたり、エネルギーを消費し続ける持久系の競技においては、持久力のカギとして筋肉や肝臓に蓄積されたグリコーゲンを使用します。持久系競技のアスリートは、この方法も知っておくとよいでしょう。

グリコーゲンを蓄積できるのは、筋肉と肝臓です。肝臓のグリコーゲンは、血糖の維持に使用されます。筋肉のグリコーゲンは筋肉を動かす際のエネルギー源になります。

かつてのグリコーゲン・ローディングの考え方では、試合の1週間ほど前から糖質の摂取を減らすのと同時に高い負荷のトレーニングを行うことで、一時的に体内のグリコーゲンを完全に枯渇させ、その後再び満タンにする方法が効果的と考えられてきました。

しかしこの方法では試合の直前に栄養不足に陥り、疲労が貯まり体調を崩す危険性もはらんでいるため、最近ではほとんど採用されなくなっています。

現在のグリコーゲン・ローディングの主流は、試合当日の4～5日前から、練習量を減らしていき、運動を少なくしていきます。その時期に合わせ全食事でとる総エネルギーにおける糖質の摂取量を増やしていくという方法です。**具体的には総エネルギーの70%を糖質からとるように心がけます。**

糖質の摂取量はご飯に穀類やいも類、果物などを組み合わせることで増やしていきます。また、糖質は体内で水分もつくり出すので、グリコーゲン・ローディングによるむくみが出ることもあります。**事前にシミュレーション、もしくはテストを行い、自分に合ったグリコーゲン・ローディングがあるかどうかを確認しましょう。**

グリコーゲン・ローディングの流れ（1週間）

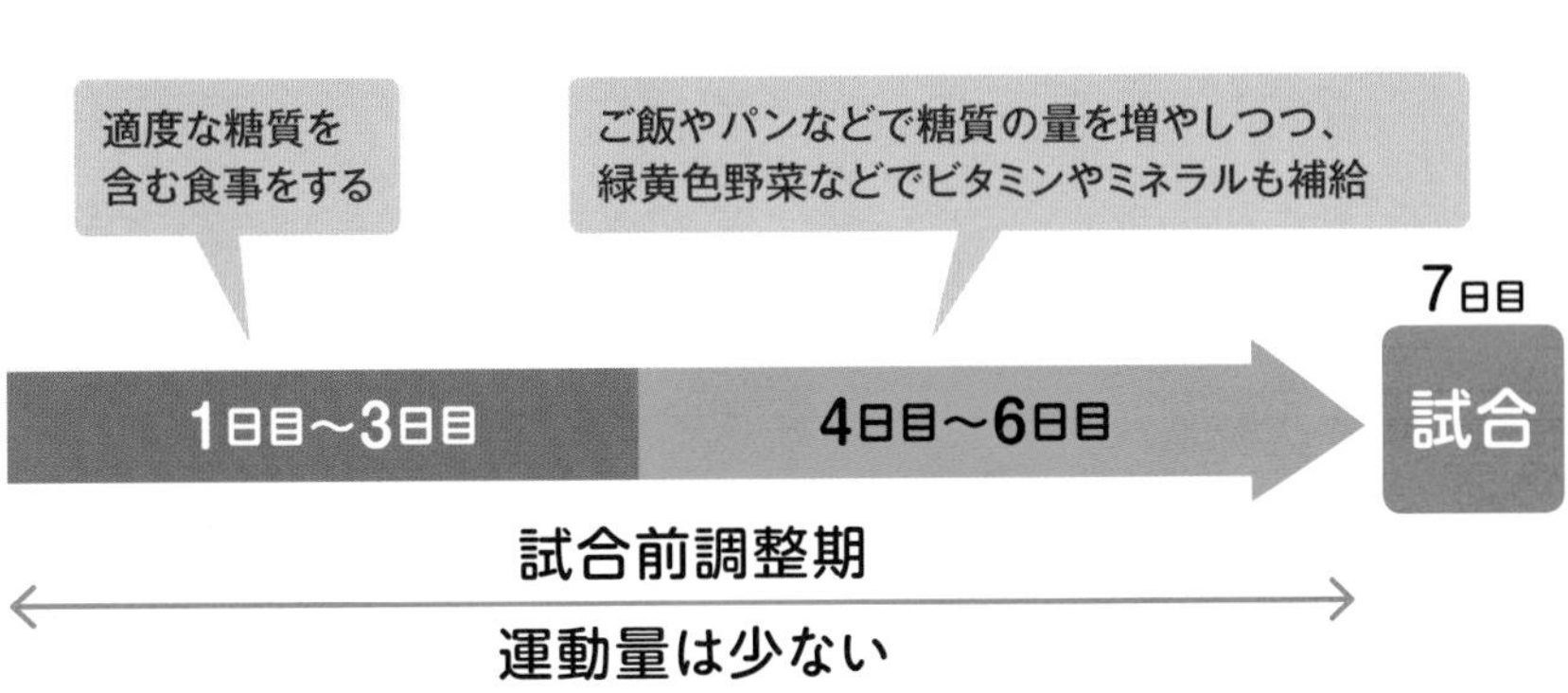
適度な糖質を
含む食事をする
ご飯やパンなどで糖質の量を増やしつつ、
緑黄色野菜などでビタミンやミネラルも補給
7日目
1日目～3日目
4日目～6日目
試合
試合前調整期
運動量は少ない

実力を発揮するために、当日朝までに準備しておくこと

前日から朝食までの食事

試合当日、アスリートは緊張のピークに達します。これまでの努力と普段の実力をしっかり発揮するためにも、**当日に向けて精神的、肉体的なストレスになることは避けましょう。**

試合前日の夕食では、腸内でガスが発生しやすい植物繊維の豊富なもの、豆類、イモ類などは避けておきましょう。調味料であればスパイスのような刺激物のとりすぎは控えます。

また、試合当日までの間は、体内にエネルギー源となるブドウ糖（グリコーゲン）を蓄えるため、糖質を中心としたメニューにし、ビタミンとミネラルを含む食品をとるよう心がけてください。

当日の朝、緊張のために食べられなさそうという人は、前日の就寝の1時間以上前に、カステラやバナナといった糖質中心の軽い夜食をとるとよいでしょう。また、当日は少し早めに起きてお腹が空くようにからだを軽く動かしてみるのもひとつのやり方です。ただし、**前日だけこの方法にするとかえってリズムを崩す危険性もあるので、最低でも1週間前から調整を行うようにします。**

当日の朝食は試合開始の3～4時間前までに済ませます。油分の多い食品は控えて、エネルギー源となる糖質を含んだメニューを多くとりましょう。どうしても食べ物が喉を通らない場合には、即効性のあるゼリーなどが最適です。朝食を食べられなかった場合は、小分けにした果物など消化のよいものをとるとよいでしょう。試合の1時間前ぐらいからは固形物は避けるようにします。試合直前に食事をしても、消化吸収できずエネルギーにはなりません。

さらに、**急激な血糖値上昇と運動により乳酸が溜まりやすくなることで、疲労の原因にもなります。**もし、緊張が原因でなにも食べられず、胃が空っぽで不安な場合には、スポーツドリンクやアメでもよいので、糖質を摂取しておきましょう。また、予定をきちんと把握し、最低でも試合開始の20分前には食事を済ませておくように意識しましょう。

試合の開始時間が昼食の前後や夕方だった場合、1日3食の食事のタイミングではなく、試合開始の3時間前の時点でお腹の具合をチェックします。もし、お腹が空いていなかったとしても、何も食べないのはエネルギー不足につながりますので、おにぎりやパンを軽い補食としてとっておきましょう。昼食後や夕方も同様です。試合開始の3時間前をポイントとしましょう。

消化吸収の時間には個人差があり、人によってかかる時間が変わってきます。食べるスピードや食事量、空腹になるタイミングなどを事前に把握し、試合前に計画的な対策を取ることが、ベストなパフォーマンスにつながっていくのです。

間食をとってエネルギーを補給！食品のGI値に着目

間食の定義と高糖質な食品

アスリートにとっての間食は、立派な補食であると認識してください。152ページで詳しく紹介していますが、厳しいトレーニングや、ハードな試合で消耗したからだをいち早く回復させることが目的となります。一般的に間食といわれるお菓子ではその代用にはなりません。**アスリートの間食の基本はまず糖質を含んでいて低脂肪であることと、必要な栄養素をしっかり含んでいること、そして、いつでも食べたいときに食べられる携帯性があることです。**

1日に複数の試合がある場合は、吸収の早い糖質の食品、エネルギー代謝に必要なビタミンを含む食品やドリンクなどを最初の試合が終わった直後にとるようにします。糖質をメインとするおにぎりやうどん、ゼリーや果汁100％のオレンジジュースなどがおすすめです。

試合から試合までの間隔が短い場合には、グリセミック・インデックス（GI）を参考にしましょう。GIとは、食品を摂取した後、血糖（血中グルコース）の上昇量を示した指数のことです。**GI値の高**

いものを摂取すると短時間でグリコーゲンが回復するので、試合の後など、エネルギー回復に有効です。

スポーツの大会においては、1日に何戦もある場合や日をまたいだ連戦のときによく取り上げられる手法です。高GI値の食品としては白パン、コーンフレーク、もち、赤飯、レーズン、はちみつなどがあげられます。これらは**グリコーゲンの吸収が速いので、試合が続いていたり、運動後に急速にグリコーゲン回復させたいときなどに効果的です。**一方で、低GI値の食品には、食物繊維が多く含まれているものが多いという特徴もあるので、目的によって使い分けましょう。代表的なものとしては玄米やシリアルバーなどがあげられます。

また、不測の事態に慌てないで済むよう、準備が必要です。**緊張による体調不良などにも備え、糖質の補給はしっかりとしておくように心がけましょう。**もし、体調がすぐれない場合には、水分補給を十分に行います。電解質を含むスポーツドリンクを飲むようにしましょう。

1日1試合の場合で考える食事のタイミング例

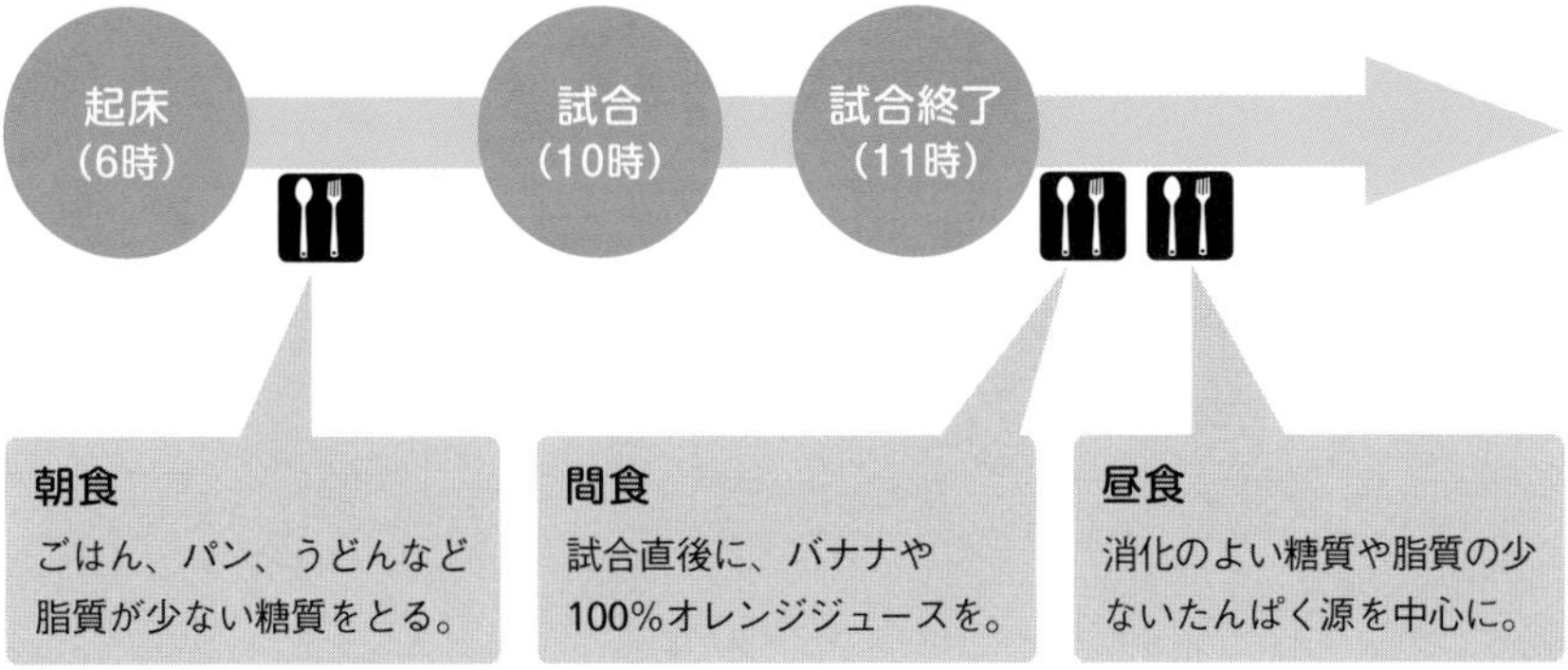
起床
(6時)
試合
(10時)
試合終了
(11時)
朝食
ごはん、パン、うどんなど脂質が少ない糖質をとる。
間食
試合直後に、バナナや100%オレンジジュースを。
昼食
消化のよい糖質や脂質の少ないたんぱく源を中心に。

グリコーゲンの貯蔵は、タイミングで変わると覚えよう

いかに早くエネルギー補給するか

試合で大量に消耗した**グリコーゲンをすみやかに回復するためには、できるだけ早く糖質を補給することが重要です。**なぜなら筋グリコーゲンの貯蔵スピードは、運動終了後が最も速く、その後、1時間くらい貯蔵が続くからです。同じ量の栄養を補給しても、タイミングでグリコーゲンの回復量が変わってしまいます。また、体たんぱく質合成の点からも同じことがいえます。運動後は、インスリン（糖代謝を調節し、体たんぱく質合成を促進するホルモン）への筋肉の感受性が高まっているため、少ないインスリンでより促進作用が大きい状態となっています。試合後は、すみやかに糖質とたんぱく質を摂取しましょう。このとき、同時にビタミンやエネルギー代謝に必要な栄養素を含む食品をとると、回復が早くなります。試合後にミーティングなどがあり、すぐには帰宅できない場合などに備え、おにぎりや果物などを持っていると、いつでも食べられて安心です。試合後はどんなに疲れていても、栄養補給を忘れずにするように意識しましょう。

また、試合後は筋肉と同時に内臓も疲労しています。試合後の食事においては、内臓に負担のかからないものを選び、試合で失った栄養を補うようにゆっくりとかんで食べることを心がけます。

試合後は、解放感から好きなものを好きなだけ食べたい、という欲求が高まるでしょう。あまりストイックになりすぎても精神的に疲れてしまいます。そんなときには、**好きな食べ物の中からできるだけ消化のよいものを選んで食べるようにしましょう。**

試合期間中や遠征中などは、お弁当を持参するとよいケースも多いです。お弁当といっても、特別に凝ったものをつくる必要はありません。**おにぎりやサンドウィッチのように箸がなくても食べられるもので糖質を補い、おかずには卵焼きやハムといったたんぱく質を入れるとよいです。**おかずは火を通したものをメインにし、食中毒を予防しましょう。さらに、デザートとして果物を添えておけば、栄養素バランスは完璧です。また、お弁当は置き場所に気をつけることが大切です。風通しのよい涼しい場所に置いておきましょう。

糖質は運動後2時間以内にとるとよい

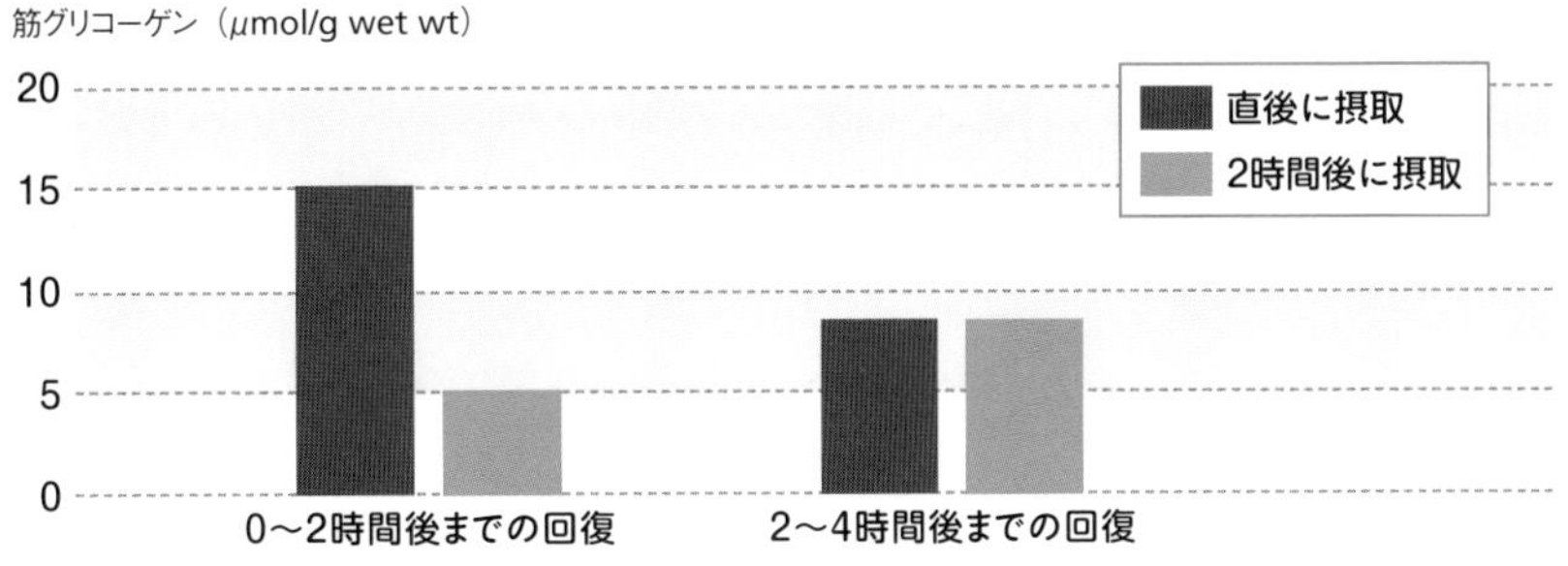

運動後の糖質の摂取のタイミングによる筋グリコーゲンの回復の違い
（Ivy JL et al:J Appl Physiol 64:1480-1485.1988より作成）

次は試合前・後のコンディションをチェックします！

試合前　コンディションをチェック！

試合に向けて準備が整っているかどうか、
自分のこれまでの食生活を振り返ってチェックしましょう！

- □食事の前は手洗いとうがいをした
- □前日の夕食は高糖質な食品を多めにした
- □運動量が減っていれば食事の量も減らした
- □朝食は試合の3～4時間前に済ませた
- □メニューは食べ慣れたものにした
- □のどの乾燥予防に水分はしっかり補給した
- □生のものは避け、食品は加熱調理した
- □消化のよいさっぱりとしたおかずを意識した
- □補食となる食品を準備した
- □スポーツドリンクなど水分補給源も欠かさず持参した

試合後 コンディションをチェック！

疲れていても食べなければ動けない！
チェックリストで何をすべきかもう一度おさらいしましょう。

- □試合後、なるべく早く食事をとる
- □ご飯、おかずがそろったバランスのよい食事にする
- □揚げ物などを避け、消化によい食品をとる
- □翌朝の朝食は忘れずに食べる
- □きちんと睡眠をとる
- □水分はたっぷり補給する
- □糖質をしっかり摂取してエネルギー補給する
- □食品には火を通しておく
- □ゆっくりかんで食べる
- □冷たい物はとりすぎない

オフ期は次シーズンのための準備期間。体重の増加に注意

基本的な考えと体重のコントロール

大きな試合が終わり、過酷なトレーニングや精神的な重圧から解放され、普段の生活に戻る、それがオフ期です。これまで試合に集中していただけに、のびのびしたい気持ちもあるでしょう。

オフ期は酷使したからだを元の状態に戻すのと同時に、心のリフレッシュをするための時期でもあります。無理な我慢をせず、自分へのごほうびを楽しむこともある程度までなら大丈夫です。**ただし、ハメを外しすぎないよう、自分がアスリートであるという自覚を忘れずにいてください。**

オフ期の中でも次の試合準備期に向けて少しずつ変化を持ち、いざシーズンが近づいたとき、復活するために多くのエネルギーと努力と時間を要することのないよう、この時期は完全なお休みというよりも、次のトレーニング期に備えてからだをやすめ、整えるための時期と考えましょう。

オフ期であっても食事に対する考え方は同じです。5大栄養素を摂取できるバランスのよい食事をしてください。ただし、オフ期はトレーニング期に比べエネルギーの消費量が激減するため、体脂肪がつきや

すくなっています。

また、内臓の働きも活発になり消化吸収力も上がっていることもあるため、**普段と同じ食生活をしていても、太りやすい場合があり注意が必要です。**

また夏のオフ期と冬のオフ期では状況が変わります。夏場のオフ期には単品で冷たいメニューを食べることが多くなるでしょう。結果栄養バランスが偏り、夏バテを起こす原因となります。一方、**冬がオフになる競技の場合は、運動以外の活動量も少なくなるため、体脂肪がつきやすくなりがちです。**

逆に、体重を増やしたいという人にとってはオフ期は最適です。増量に限らず、次のシーズンに向けて身体改革を考えているアスリートは、正しい栄養管理とトレーニングのもと、ウェイト・コントロールを行いましょう。

トレーニング期とオフ期では、エネルギーの消費量が違う

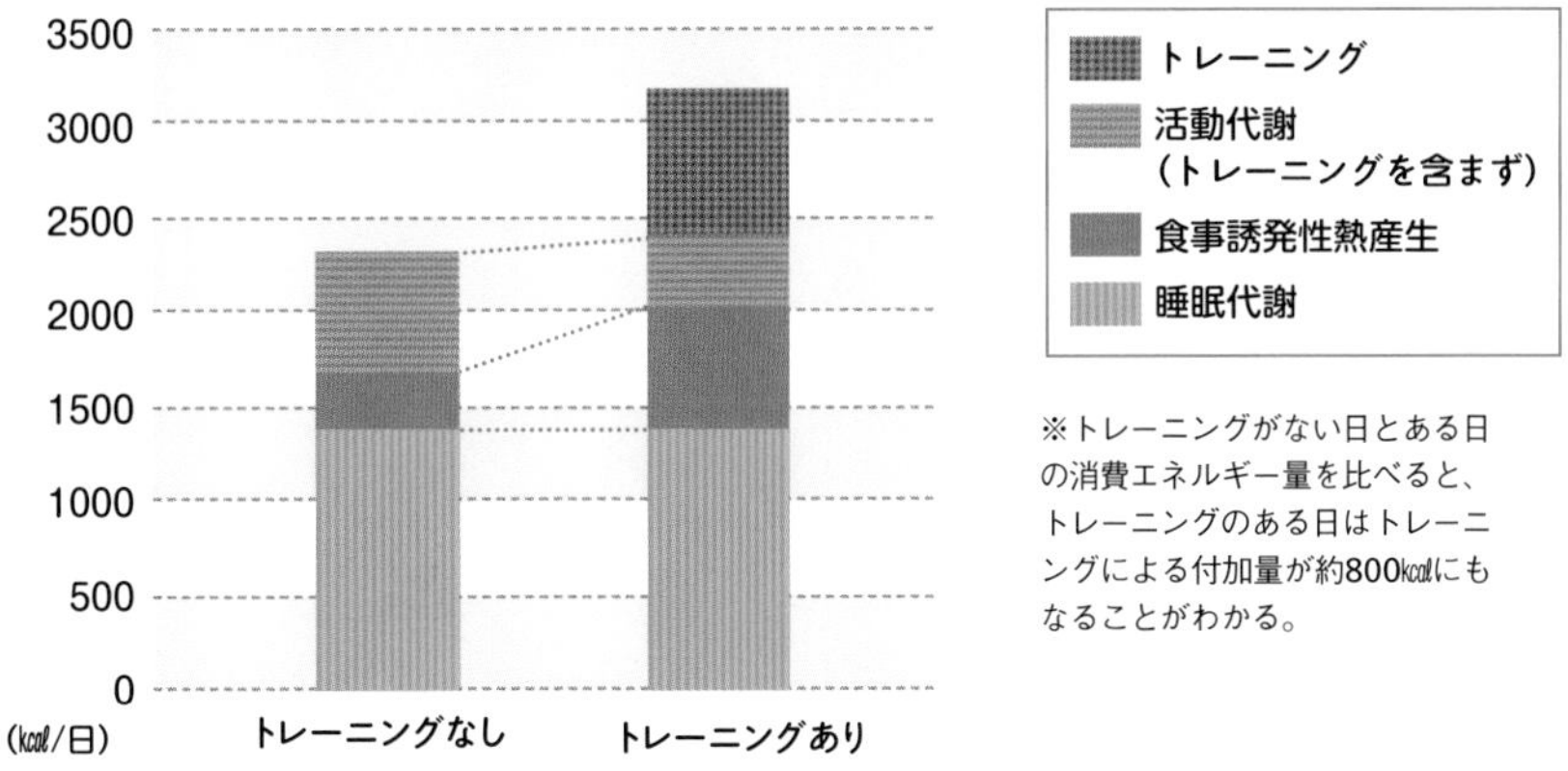

※トレーニングがない日とある日の消費エネルギー量を比べると、トレーニングのある日はトレーニングによる付加量が約800kcalにもなることがわかる。

自転車のトレーニングによる1日の総エネルギー消費の構成の変化　Hortonより作成

食べたいものは必要なもの。からだの声に耳をすませて

お菓子との上手な付き合い方

お菓子やジュース、アルコールは、いずれもアスリートのためのからだづくりには好ましいものではありません。しかし、別の観点から考えると、これらは、からだではなく「心の栄養」として存在しているともいえます。ストイックなアスリートの食生活において、〝すべて厳禁〟となってしまっては食べる楽しみがなくなってしまいます。食べ方に注意を払って摂取するようにしましょう。

たとえば、チョコレートやアイスクリーム、シュークリームやショートケーキのような洋菓子は、そのほとんどが脂質と糖質です。その点、和菓子は洋菓子に比べ、圧倒的に低脂質ですし、あんこに小豆を使用しているので、食物繊維が多くたんぱく質の摂取が期待できます。どうしても甘いものが食べたいときには、ショートケーキではなく大福にするなど、工夫をしましょう。**洋菓子はエネルギー量が多く栄養価が高い傾向にあるので、なるべくなら和菓子を選ぶ習慣をつけておくとよいでしょう。**

また、ポテトチップスのような塩と油でできたスナック菓子類にも注意が必要です。こういった食品は、

少しの量でもエネルギーが高いため、満腹感を感じる前に必要以上のエネルギー量を摂取してしまいます。これらの食品を食べる際には、あらかじめ食べる量を決めておき、足りない栄養素を補うために食べる、という意識を持ちましょう。

人間のからだはとても敏感で正直です。野菜不足だとサラダが猛烈に食べたくなったり、**不足しているものを自然と欲するようにできています。そういった「からだの声」を聞いてあげることがとても大切です。**

そのための方法として、できるだけ自分でも料理をするように心がけてみましょう。自分で食品を選び調理することで、材料はもとより、塩や油などの調味料にも気を使うようになります。また、栄養価に対しても意識が向かうようになります。そうすることでだんだんと、好き嫌いも克服していけます。からだの声をキャッチしやすい耳になるためにも、料理はとても有効です。

飲み物のエネルギーに要注意！

食べ物のエネルギーに関しては注意していても、飲み物のエネルギーについては見落としがちです。飲料商品はともするとごはん１杯分以上のエネルギーや糖質を含んでいたりするので、こちらも注意が必要です。

コーヒーショップのクリームやチョコレートを使った飲み物はもちろん、ペットボトルで売られている甘い炭酸飲料も、いうまでもなく糖分がたっぷり入っています。

怖いのは、飲み物は食べ物に比べて高エネルギー摂取の実感がともなわないところです。また、スポーツドリンクは運動時以外に飲むと過剰なエネルギー摂取につながりやすいので注意が必要です。気をつけましょう。

糖質をいかに効率よく摂取するかを意識しよう

時間と量の組み合わせが大切

アスリートのエネルギー源である糖質について、摂取の目安や効率のよいタイミングについて考えていきましょう。**糖質の摂取目安は、1日に体重1kgあたり7g程度以上、エネルギー総摂取量における55～60%程度が理想とされています。**糖質は、胃と腸で分解されると、その後さらにブドウ糖に分解され、全身の筋肉と肝臓に送られます。その際、使われなかった糖質はグリコーゲンに変化し、筋肉と肝臓に蓄えられます。そして、エネルギーとして使われるときに再びブドウ糖となり、使われたあとは二

糖質をたくさん含む食品

食品名	1食の目安量	炭水化物量(g)	エネルギー(kcal)
めし(白飯)	1杯(130g)	48	203
食パン	1枚(6枚切り)	28	148
うどん	1玉(ゆで250g)	54	238
そば	1玉(ゆで200g)	52	260
スパゲティ	1人前(乾80g)	58	278
もち	1個(50g)	25	112
カステラ	1切れ(50g)	31	156
オレンジジュース	1杯(200mℓ)	23	93
ハチミツ	大さじ1(22g)	18	72
アメ	2個(6g)	6	23

『日本食品標準成分表〈2020〉』参照

酸化炭素と水になって排出されます。

糖質は、脳にとって効率のよい栄養源です。**糖質が不足するとからだが疲れやすくなり、「集中できない」「頭がぼーっとする」「力が出ない」などの症状が現れ、脳の活動にも影響を与えます。**数ある栄養素の中でも、エネルギー源という点で脳の活動に大きく影響を与えるのは糖質です。また、筋肉に蓄えられていたグリコーゲンが不足すると、からだは筋肉のアミノ酸を分解しエネルギーにし始めます。その結果、筋肉量の低下をまねきます。競技によっても異なりますが、1日に4〜6時間以上のハードなトレーニングからの回復時には、1日に体重1kgあたり10〜12gの糖質の摂取が理想とされています。

62ページでもお話ししましたが、**糖質を摂取する効果的なタイミングは運動直後です。**このとき摂取すべき糖質の量は体重1kgあたり0・7〜1g程度。適した糖質の種類は、一番に、分解する必要のないブドウ糖（グルコース）、次に砂糖に含まれるショ糖。そして果物に含まれる果糖です。同時に、**食品のGI値（61ページ）を参考にすると、筋肉のエネルギー蓄積や疲労の回復を促進することもできます。**

これらの食品を食べる際には、**クエン酸を同時に摂取すると体内のグリコーゲンの蓄積が早まるといわれています。**クエン酸はレモンやみかんなどの柑橘《かんきつ》類、さらには梅干し、お酢、キウイ、パイナップル、いちご、メロンなどに多く含まれています。おにぎりに梅干しを入れたり、砂糖とレモン汁を入れた自家製のドリンクなどをつくっておくのもよいでしょう。

決して悪者ではない！エネルギー源としての脂質の立場

エネルギーとしての脂質を理解しよう

本書の24ページでも説明したとおり、脂質の主成分である脂肪酸は大きく飽和脂肪酸と不飽和脂肪酸に分けられます。飽和脂肪酸はラードやトロのような動物性の油脂に多く含まれています。**過度の摂取は体重増加だけでなく、コレステロールの増加、中性脂肪の増加、血液粘度の増加、といったさまざまな健康被害をもたらします。**一方で不飽和脂肪酸は善玉コレステロールを増やし、動脈硬化を予防する働きを持ちます。

脂質の働きは、ビタミンA、D、Eといった脂溶

脂質をたくさん含む食品

食品名	1食の目安量	エネルギー（kcal）	脂質量（g）
大豆油	小さじ1（4g）	35	4.0
バター（有塩）	大さじ1（12g）	84	9.7
牛脂	大さじ1（12g）	104	12.0
マヨネーズ（卵黄型）	大さじ1（12g）	80	9.0
ベーコン（ばら）	1枚（20g）	80	7.8
豚ばら肉	薄切り1枚（20g）	73	7.1
くるみ（いり）	5粒（20g）	143	13.8
カシューナッツ（フライ・味付け）	10粒（20g）	118	9.5
ピーナッツ（乾）	20粒（20g）	114	9.4

『日本食品標準成分表〈2020〉』参照

性ビタミンの吸収を助けることに加え、血液や細胞膜の成分になることがあげられます。また、たんぱく質とともに血液や細胞膜、ホルモンなどを構成する成分としても使われます。

そして忘れてはならないのが、**脂質は運動のエネルギーにもなるということです**。脂質は1gで約9kcalのエネルギーを生み出します。糖質やたんぱく質は1gで約4kcalなので、少ない量でたくさんのエネルギーを蓄えるには、脂質が有効です。たとえばフルマラソンのように長時間の運動をするときは、食事に脂質をうまく取り入れると、スタミナの維持に大いに役立ちます。

一般的な考え方としては、脂質の摂取は総エネルギーの20%以上30%未満とされています。アスリートも、基本的にこの基準に従っておけば問題はないでしょう。体重増加につながりやすいため、一見嫌われがちな脂質ですが、これも重要な栄養素のひとつです。健康な皮膚や頭髪は脂質によって保たれていますから、脂質の摂取が低下すると、肌のかさつきなどの原因にもなります。また、マッサージなどのちょっとした刺激で内出血を起こしたり、肉離れの多発、ケガをしやすくなったり、さらにそのケガも治りにくくなったりと、運動する、しないにかかわらず、健康な身体を保つことができなくなります。

脂質に対する誤った認識は、かえってパフォーマンスの低下をまねきます。減量中のアスリートであっても脂質を徹底的にカットするような極端な試みは控えましょう。脂質を上手に使えることはとてもよいことです。ただし、とりすぎによる体脂肪の増加には気をつけましょう。

アミノ酸スコアで、必要摂取量と良質たんぱく質を見分ける

アミノ酸スコアを利用する

たんぱく質の役割とアミノ酸については22ページで説明しましたが、ここではアミノ酸スコアについて解説していきます。アミノ酸スコアとは、食品内のたんぱく質に含まれる必須アミノ酸と、人が必要とする量を比較した値のことです。**食品のアミノ酸スコアが高ければ高いほど、良質なたんぱく質だといえます。**人が必要とする必須アミノ酸の量を100と考えたとき、たとえば下図のように精白米は、9種類の必須アミノ酸（イソロイシン、ロイシン、リジン、メチオニン、フェニルアラニン、スレ

精白米のアミノ酸スコア

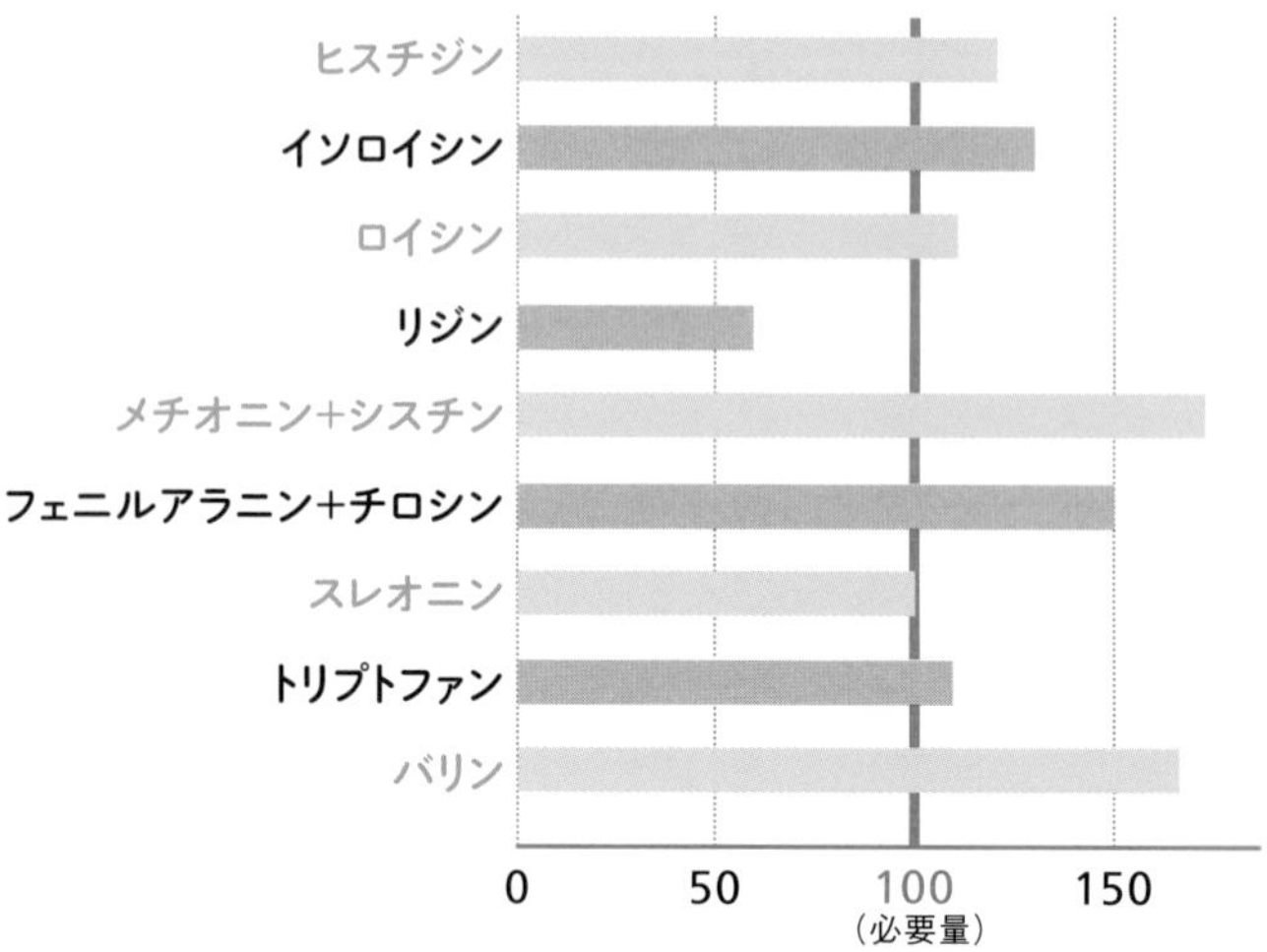

「FAO/WHO/UNU合同特別専門委員会報告」より作成

オニン、トリプトファン、バリン、ヒスチジン）のうち、リジンが必要量を満たしていません。こういった必要量を満たしていないアミノ酸をその食品の制限アミノ酸と呼びます。１００に満たない必須アミノ酸は、主菜や副菜などのほかの食品を組み合わせることでスコアが高くなります。

また、長時間にわたる運動を続けると、アミノ酸もエネルギーの一部として使用され始めてしまいます。たんぱく質がエネルギー源として利用されてしまうと、体たんぱく質の合成が追いつかなくなります。このことをふまえて、そもそものエネルギー源である糖質をきちんと摂取しておきましょう。

かつてはアスリートにおいては、体重1kgあたり3gのたんぱく質をとるべきだという説もありましたが、**実際は体重1kgにつき1・5～2gの摂取で問題ないということが分かっています。過剰な摂取は、脂肪として蓄積されてしまい体重増加の原因になる可能性も高く、ムダになった分のアミノ酸を分解する際に発生する窒素を処理するため、腎臓に負担をかけることにもなります。**

筋力、筋パワーを鍛える強度な筋力トレーニングにおいては、たんぱく質の摂取量に配慮する必要があります。

その間は、毎食ごと（1回に吸収できる量は40～50gと制限があるため）に、均等にたんぱく質をとるよう努めましょう。総エネルギーの15%を目標にしますが、動物性のたんぱく質は同時に脂質も多いこともあるので注意が必要です。大豆など、植物性のものを上手に使っていきましょう。その際、アミノ酸スコアを参考にし、食品の組み合わせ方を考えてみることをおすすめします。

アスリートにとってのビタミンとその働きを理解しよう

ビタミンB群を中心に摂取

栄養素としてのビタミンについては26ページで解説しました。では、アスリートにとって、ビタミンはどんな役割を果たしているのでしょうか？

ビタミンの働きとしてまずあげられるのは、抗酸化作用です。人は呼吸によって**体内に酸素を取り込みますが、その一部は反応性が高い活性酸素に変換されます。活性酸素は近くにある細胞の成分を酸化させ、老化を促進させる原因といわれています。**アスリートは運動によって大量の酸素を取り込んでいるため、一般の人に比べると活性酸素が増えやすい

主なビタミンの種類と代表食品

ビタミンA	鶏レバー、豚レバー、卵、牛乳、チーズ、うなぎのかば焼き、ほうれん草、小松菜、にんじん、ミニトマト
ビタミンB_1	豚肉、玄米、玄米シリアル、ライ麦パン、木綿豆腐、ごま、ピーナッツ、きゅうりのぬか漬け、鶏もも肉
ビタミンB_2	納豆、卵、木綿豆腐、牛乳、ヨーグルト、ブロッコリー、干ししいたけ、サバ、サケ
ビタミンC	ピーマン、きゃべつ、じゃがいも、ブロッコリー、いちご、オレンジ、キウイ、グレープフルーツ
ビタミンD	丸干し、カマス、サンマ、スズキ、サケ（生）、卵、干ししいたけ
ビタミンE	ひまわり油、落花生、たらこ、キングサーモン、タイ（養殖）、にら、赤ピーマン

条件にあります。さらに、屋外トレーニングで紫外線を長時間浴びるとなれば、これも活性酸素が増える原因になります。**ビタミンA、E、Cには活性酸素を抑える働きがあるため、日頃からしっかりとっておけば、活性酸素の害からからだを守ることができます。**

アスリートが特に意識したいのはエネルギー代謝に不可欠なビタミンB群と、コラーゲン合成にかかわるビタミンCです。特にB群が不足すると疲れやすくなり、ときには糖質不足と同じぐらい深刻な状況を招くこともあるので要注意です。

ビタミンB_1は、糖質がエネルギーに変化するときに働き、豚肉、玄米、ライ麦などに多く含まれています。白米を主食とする人は不足しがちなので、意識して摂取する必要があります。一般の人の摂取の推奨量は、エネルギー1000kcalあたり0・54mgです。ビタミンB_2は糖質やたんぱく質、脂質のエネルギー代謝に働くビタミンで、とくに脂質の代謝には欠かせない栄養素です。納豆や乳製品、卵などに多く含まれ、エネルギー1000kcalあたりの推奨量は0・60mgです。

ビタミンCは、腱《けん》や靭帯《じんたい》の再生を助けるコラーゲン合成にも一役買っています。さらに免疫強化、鉄吸収促進、対ストレス強化などの働きがあります。

ビタミンCは野菜や柑橘《かんきつ》系の果物に多く含まれますが、体内に蓄積しておくことができないので、普段の食事の際に果物をデザートとして用意しておいたり、補食や水分補給として果汁100%のジュースや野菜ジュースを飲むなど、こまめにとることを意識しておくとよいでしょう。

渇きに合わせた水分補給がいつでもできる環境をつくることが大切

脱水症状を防ぐために

水分は、日々の生活をしているだけでも、1日2・5L、摂取と同時に排出しています。運動中は発汗によって失われる水分がさらに多くなるため、細かな注意が必要です。体重が1kg減った場合、1L汗をかいたということになります。夏場など、発汗の多い季節はトレーニングの前後で体重をしっかり測っておきましょう。また、尿の色も水分状態を確認するための重要なサインとなります。通常は薄い黄色ですが、水分が足りていない場合には濃い黄色になります。

普段から、「喉が乾いた」と思ったら、すぐに水分を補給できる環境を整えておくことが大切です。激しい喉の渇きを感じているときはすでにパフォーマンスは低下しています。とくに、暑いときは持久的な運動能力は低下します。

また、汗をかいたサインとして、黒っぽいTシャツのわきの下や背中が、汗をかいた後に白くなる人は、塩分の損失が多いので気をつけましょう。

1時間以上の運動の場合には4～8％程度の糖質を含んだものが疲労予防と水分補給に役立ちます。また、飲み物は5～15℃に冷やしておくとよいでしょう。

水分が体内できちんと働くためには、人間の体液に含まれるナトリウムやカリウム、塩素、マグネシウムといった電解質が一定量存在していなくてはなりません。

短時間で大量の汗をかく場合や、長時間の運動でエネルギー補給が必要なときは、電解質や糖質が含まれているスポーツドリンクでの水分補給をおすすめします。

さらには、自分でオリジナルのドリンクをつくる方法もあります。1ℓの水に対し、塩2g、砂糖40～50gを加えるだけでOKです。好みでレモン汁を足すのもよいでしょう。

脱水量が増えると症状は悪化していく

脱水による体重減少（%）	症状
0～1	渇き感
2～3	強い渇き感、漠然とした不快感と緊迫感、食欲減退、血液濃縮
4～5	運動の節減
6～7	呼吸運動遅滞、皮膚紅潮、眠気、脱力感、悪心、情緒不安定、腕や手足の打診痛、頭痛、熱疲労、体温と心拍数・呼吸数の上昇
8～9	めまい、チアノーゼ、言語不明瞭、強い脱力感、精神錯乱
10～12	けいれん、全身無力症、舌の膨張、循環不全、腎不全
14～16	視力減退、眼球陥没、排尿痛、舌の委縮、皮膚感覚鈍麻
17～18	皮膚の亀裂、尿生成停止
19～20	生存耐性限界

Paul.W,(Ed):Bioastronautics Data Book,NASA SP-3006.NASA,Washington D.C.1964.p208（一部改変）

COLUMN

ドーピングへの意識を高めた自己管理の確立

ドーピング検査は、トップアスリートたちの大きな大会だけにとどまらず、ジュニア選手や高校生たちも参加する国体やインターハイでも行われています。

自分には関係ない、とドーピングについて知ることを放棄してしまうと、検査で問題になる可能性が高まります。トレーニングによって実力が上がり、出場できる大会や試合の規模が大きくなったときに、初めて、ドーピング検査に関わる選手もいます。そういった場合に慌てることがないよう、アスリートとしてからだをつくっていく上で最低限の知識は持っておきましょう。

禁止物質は、意識していなかったところに含まれていることもあるのです。たとえば、市販されている風邪薬の多くの種類にはドーピング禁止物質であるメチルエフェドリンが含まれています。体調不良だからと安易に服用することで検査で問題になり、違反とみなされた場合は一定期間スポーツ活動ができなくなるなどの制裁を受けることになります。最近は、インターネットなどで個人輸入したサプリメントに禁止物質のホルモン剤が含まれているケースが増えています。また、筋肉増強剤やビタミン剤などの手軽に栄養素を補えるもの、やせ薬や増毛剤といった変わり種のもの、これらの海外製品は安全性が高いとはいえないものもあり、健康被害につながる可能性もあります。

その点、国内で食べ物から栄養をとっている限り、ドーピングの心配はありません。サプリメントを使用する前に、食事で栄養素を補えるよう食生活を見直すことから始めます。どうしてもサプリメントが必要なときは、信頼がおける国内の会社の製品、成分を確認してから使用しましょう。

世界アンチ・ドーピング規程に付随する「2021年禁止表国際基準」には常に使用が禁止されている物質が記されています。このほかにも、競技時に禁止される物質や、特定競技において禁止される物質があります。いつ、どこで、この落とし穴にはまってしまうかわかりません。これまでの努力をムダにしてしまわないよう、常に意識しておくことが大切です。禁止表国際基準は少なくとも1年に1度は更新されます。日本アンチ・ドーピング機構（https://www.playtruejapan.org/）のホームページなどを参照に、ドーピングに関する知識を養っておきましょう。

Part 4

競技力向上のための食事計画
～競技別／世代別～

ただやみくもに食事をしても、強くはなれない。
食事を見極める目を養うチャンスは、「今」だ。
競技別・世代別必要な栄養素と食事法を解説する。

競技別

世代別

筋力と瞬発力が勝負！ハイパワー系競技の特性を知る

短時間で勝負が決まる

数秒から長くても1分程度の、ごく短い時間に最大のパワーを発揮することを求められるのが、ハイパワー系競技の特徴です。

同じハイパワー系競技に分類されていても、競技によって求められる筋力は異なり、選手の体型もそれぞれですが、**「短時間に最大限のパワーを発揮できる筋力をつける」という点では、すべての競技に共通します。**短距離走でも、走る距離が長くなる200mや400mなどでは持久力も求められるようになりますが、トレーニングの主体は瞬間的なパワーをつけることにあります。試合が長時間に及ぶ野球も、飛んでくるボールを打つ、取る、投げるといった動作は、すべて瞬発力によって実現するものです。とはいえもちろん瞬発力だけが全てではありません。試合中に投げ続ける投手ならば、持久力も必要となってきます。

ハイパワー系の主な競技一覧

- 陸上短距離
- 水泳短距離
- スピードスケート短距離
- 野球
- アメフト
- ボクシング
- 投てき
- 相撲
- ゴルフ
- ウエイトリフティング
- 体操
- 柔道　など

一瞬の間に発揮されるパワー

重いバーベルを一気に持ち上げる、短距離走で地面を強く跳ねる、長打を狙ってフルスイングでバットやゴルフクラブを振るなど、一瞬の間に最大のパワーを発揮するときには、筋肉細胞に含まれるアデノシン三リン酸（ＡＴＰ）という物質が活用されます。

ＡＴＰはエネルギーを放出したあと、体内にあるクレアチンリン酸（ＣＰ）の働きで瞬時に再生します。このエネルギーの使われ方を「ＡＴＰ－ＣＰ系」と呼びます。

ＡＴＰ-ＣＰ系のエネルギーは体内に貯蔵できる量が少なく、10秒弱程度しか持続しないのが特徴です。それ以降は筋グリコーゲンの分解によるＡＴＰ産生が主になります。さらに、運動する時間が長くなると酸素を利用したＡＴＰ産生（有酸素系）のエネルギー産生の割合が増えていきます。そして、これ以降はエネルギー産生栄養素を利用したＡＴＰが合成されます。

また、瞬発力を高めるには、筋肉をできるだけ速く強く収縮させる必要があります。特にハイパワー系の競技を行うときのエネルギー（ＡＴＰ－ＣＰ系のエネルギーもこれに含まれます）で力を発揮する**「速筋線維」を強くすることが、最優先事項となります。**そして、「速筋線維」は筋力アップのためのウエイトトレーニングを行うことによって強く太くなっていきます。

ハイパワー系競技のテーマは最大筋力の向上！

筋力アップのために必要なたんぱく質

ハイパワー系競技に欠かせない瞬発力を高めるには、筋力アップのためのウエイトトレーニングを行うことが必須です。しかし、ウエイトトレーニングを行うだけでは、筋力をつけることはできません。**ウエイトトレーニングで筋肉に負荷を与えると、筋線維が壊され、むしろ細くなります。トレーニング後に筋肉の材料となる良質のたんぱく質をしっかりとり、適度な休養をとることで傷ついた筋肉が修復され、より強く太い筋線維へと生まれ変わるのです。**そしてこれを日々繰り返すことで、筋肉はどんどん強くなっていきます。なお、運動をしている最中は、筋たんぱく質の分解が進み、消費されるため、通常よりもたんぱく質の必要量が高まります。

瞬発力を高めるには、トレーニングとたんぱく質の摂取が欠かせないことがおわかりいただけたと思いますが、たんぱく質をたくさんとればとるほど筋肉が増える、というわけではありません。

ある研究では、たんぱく質の摂取量を1日当たり0・86g／kgから1・4g／kgに増やした場合、筋肉に負荷をかける運動をしていない非運動群では、たんぱく質合成量は増えない（＝筋肉量は増えない）のに対し、筋力トレーニングを行っている運動群では、たんぱく質合成量が増加（＝筋肉量が増えている）します。しかし、摂取するたんぱく質の量を１・４ｇ／kgから２・４ｇ／kgに増やしても、たんぱく質合成量はほとんど変化しません。**筋肉の合成に使われなかった余分なたんぱく質は、エネルギー源として利用されたり、体脂肪として体内に蓄積されることとなり、むしろ逆効果になるといえます。**

これらのことからわかるのは、体格に合った適切なたんぱく質量をとることが重要だということです。肉類、乳製品など動物性たんぱく質を含む食品の摂取が多い欧米の食事に比べ、日本人の食事は動物性たんぱく質の摂取が少ない傾向にあるため、**体重１kgにつき１日１・５〜２ｇの良質のたんぱく質をとることが推奨されています。**

筋肉、皮膚、髪の毛、内臓、血液など、からだは、たんぱく質を主原料としています。からだは、たんぱく質をそのまま利用することができないため、23ページでも解説したように一度アミノ酸に分解してから使うことになります。

たんぱく源となる食品に含まれるほかの主な栄養素

牛肉（赤身）	鉄
豚肉	ビタミンB_1
魚類	鉄、カルシウム、ビタミンD、オメガ3系脂肪酸
乳製品	カルシウム、ビタミンB_2
卵	鉄
大豆製品	鉄、カルシウム、食物繊維

偏りなくたんぱく質をとる

良質のたんぱく質とは、必須アミノ酸がバランスよく含まれたたんぱく質のことです。アミノ酸のバランスは「アミノ酸スコア」(74ページ参照) で示され、100であれば良質のたんぱく質だと判断できます。たとえば、豚肉、マグロ、卵は動物性たんぱく質が、大豆は植物性たんぱく質がバランスよく含まれているので、それぞれアミノ酸スコアは100となります。

注意したいのは、一度の食事でたんぱく質を大量にとっても、体内でうまく活用することができないということ。必要なたんぱく質の量を、3回の食事でだいたい1/3ずつとるようにしてください。また、必須アミノ酸はすべてのアミノ酸がバランスよくそろっていないと、からだをつくる材料としてうまく活用されません。たとえば、9種類のうち8種類は十分な量をとっていても1種類が不足していたら、不足しているアミノ酸の影響で、全体の利用率が下がってしまうのです。

一方、米や野菜などはたんぱく質の質が悪い傾向にあります。必要量に足りないアミノ酸を「制限アミノ酸」、最も足りないものを「第1制限アミノ酸」といいますが、米はアミノ酸スコアが61で第1制限アミノ酸はリジン、キャベツはアミノ酸スコアが53で第1制限アミノ酸はトリプトファンとなっています。

しかし、アミノ酸スコアが低い食品も、アミノ酸スコアが高い食品と組み合わせて食べることで全体のアミノ酸スコアを上げることが可能です。これを「補足効果」と呼びます。

また、**たんぱく質だけとってほかの栄養素をおろそかにしていたら筋力アップは図れません。**なぜなら筋肉は腱《けん》や靭帯《じんたい》で骨とつながっており、筋肉をスムーズに動かすには筋肉以外の部位も強化する必要があるからです。これらの部位を強くするために、ビタミンCやDなどのビタミン類や、カルシウム、鉄などのミネラル類もバランスよくとりましょう。

ところで、**たんぱく質をからだの材料にし、筋肉量を増やすためには、しっかり睡眠をとることも欠かせません。**成長期の子どもはもちろん成人も、寝ている間に成長ホルモンが分泌され、成長するとともに傷ついた筋肉の修復も行われるからです。トレーニングを行った日の夜は、きちんと睡眠をとる習慣をつけていきましょう。

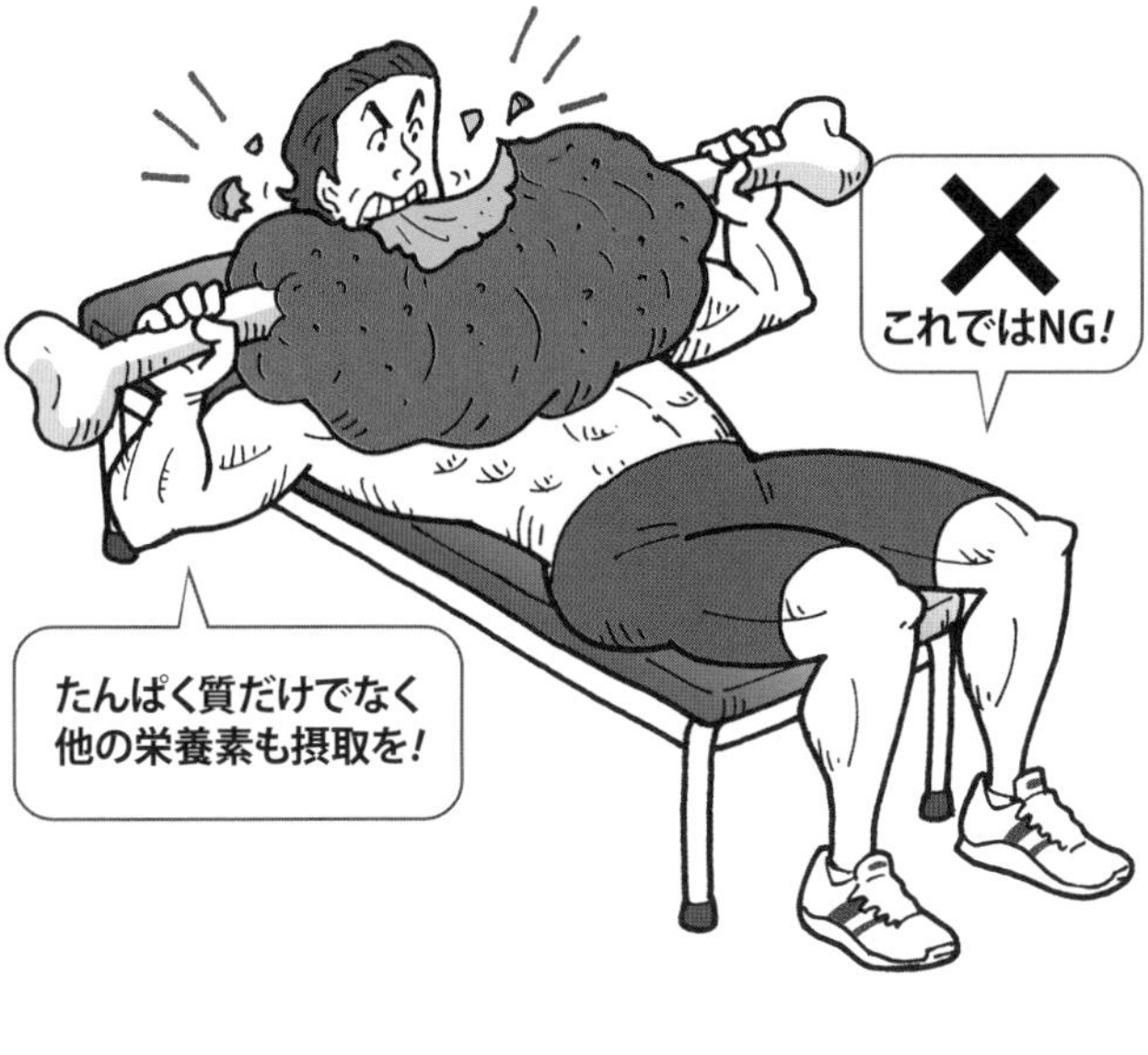
これではNG!
たんぱく質だけでなく
他の栄養素も摂取を!

力を発揮するためには、たんぱく質以外の栄養素にも目を向けよう

筋力向上をサポートする栄養素

筋力を向上させるためには筋量を増やすことが重要です。その方法の一つは、トレーニングと併せて、たんぱく質を適量、適切なタイミングで摂取することです。たとえば、強度の高い筋力トレーニングを終えた後はできるだけ早く、たんぱく質を20〜25ｇ摂取することがおすすめです。**食事であれば十分なたんぱく質がとれますので、トレーニング後はなるべく早めに食事をとるのがベストです。**

筋肉量を増やすためには、体たんぱく合成が重要な役割をします。ビタミンB6は、分解されたアミノ酸が体たんぱく質に再合成されるときに働く成分で、たんぱく質を多くとる人ほど必要量が増える栄養素です。

また、ビタミンB6は、セロトニン、ドーパミン、アドレナリンなど運動を行う上でも重要な神経伝達物質の合成にも必要です。レバー、鶏肉、カツオ、マグロ、サケ、ブロッコリー、アボカドに多く含まれます。冷凍保存や調理による損失が大きいので、鮮度のよいものを利用するとよいでしょう。

筋肉はトレーニングによって傷つき、それを修復することでより強くなります。新しい細胞をつくるために行われるたんぱく質合成を促進する酵素は、亜鉛が成分となっています。最大筋力の向上のために亜鉛は欠かせない栄養素なのです。亜鉛は主に骨格筋や骨、皮膚、肝臓、脳、腎臓などにあり、その多くがたんぱく質と結合しています。たんぱく質（アミノ酸）が筋肉の材料となるのを促進したり、ビタミンCとともに働いてコラーゲンの産生や皮膚の再生を促すこともします。また、亜鉛にはさまざまな酵素の働きを促す働きがあり、細胞が新しく生まれ変わるのを促す、成長を促す、性機能の発達・維持、味覚の維持などの役目も担っています。活性酸素を消去させる物質として体内で合成される酵素のSOD（スーパーオキシドジスムターゼ）の生合成を促す働きもあります。

意外に知られていない亜鉛の効果

- 成長を促進する
- ケガや火傷の回復に効果的
- 骨を丈夫にする
- 味覚・視覚・嗅覚を正常にする
- 皮膚を守る
- 妊娠を維持する
- アレルギーを抑制する
- 脱毛を防ぐ
- 精力増強
- 糖尿病を防ぐ（インスリンの構成成分）
- からだの酸化を防ぐ

この作用によって、間接的ではありますが、活性酸素が体内をむしばむのを防御すると考えられます。

さまざまな役割を持つ亜鉛

亜鉛は神経伝達物質の合成にかかわり、カルシウムを体内に運ぶのを助ける働きをします。また、インスリンが合成されるときにも亜鉛は必要です。

インスリンは亜鉛があることによって働くことができるのです。細胞分裂や細胞の再生など新陳代謝にも関与しますから、亜鉛が不足するとケガの回復が遅れる可能性があります。

また、貧血に悩むアスリートは多くいますが、亜鉛不足はスポーツ貧血の原因のひとつにもなりますので注意しましょう。

効率よく吸収するために

亜鉛はたんぱく質を多く含む食品に含まれており、特にカキ、豚レバー、牛肩ロースなどに豊富です。また植物性食品では、大豆や種実類にも多く含まれています。鉄や銅、ビタミンCを含む食品と一緒にとると吸収率が高まるので、カキフライにビタミンCがたっぷりのレモン汁をかけたり、鉄分豊富なほうれん草とレバーで炒め物をつくるなど、亜鉛の吸収率が高まる調理法を考えましょう。

反対に、加工食品は亜鉛の吸収を妨げる添加物（フィチン酸、ポリリン酸など）が使われていることがあるので、亜鉛不足を防ぐためにも、加工食品はなるべく控えるようにします。亜鉛は発汗によっても失われていくので、運動量の多いアスリートは気をつけましょう。

また、どんな栄養素であっても過剰な摂取はからだに害を及ぼします。亜鉛の場合、食品からとる場合には過剰摂取の心配はありませんが、サプリメントのとり過ぎなどにより、免疫障害、めまい、吐き気、銅や鉄の吸収障害、貧血、ＨＤＬコレステロール（善玉コレステロール）の低下などの過剰症が起こることがあります。

いずれの場合においても、他食品とのバランスを意識して摂取しましょう。

亜鉛の含有量が多い主な食品

カキ水煮	18.0	ココア(ピュアココア)	7.0	カシューナッツ(フライ・味付け)	5.4
小麦胚芽	16.0	豚肉(レバー)	6.9	練りごま	5.3
カキ(生)	14.0	たたみいわし	6.6	牛ひき肉	5.2
からすみ	9.3	タラバガニ(水煮缶詰)	6.3	牛リブロース(赤身)	5.2
ビーフジャーキー	8.8	いかなご(煮干し)	5.9	ラムかた(生)	5.0
豚スモークレバー	8.7	いりごま	5.9	桜エビ(素干し)	4.9
かたくちいわし(田作り)	7.9	牛かたロース(赤身)	5.7	ワカサギ(つくだ煮)	4.4
パルメザンチーズ	7.3	牛かた(赤身)	5.5	たいらがい貝柱(生)	4.3

食品100ｇ当たりの亜鉛の含有量（mg）

『日本食品標準成分表〈2020〉』参照

パワー、スタミナ、技術が試される、ボールゲーム系の特性

瞬発力と持久力、どちらも必要

ハイパワー系競技並みの瞬発力と、ローパワー系競技に匹敵する持久力の両方を求められるのが、ボールゲーム系競技の特徴です。たとえば、サッカー選手は試合中常に動き続けている（ポジションによっては、1試合で10㎞以上走る選手もいます）ので、持久力が必要となります。しかし、相手を抜き去るときのボールコントロールやシュートを決めるときのキック力は瞬発力から生まれるもの。こうした瞬発力と持久力の両方が必要となる競技は、サッカーのほかにラグビー、テニス、バスケットボール、バレーボール、バドミントン、ハンドボール、ホッケーなどがあります。

競技名をあげると気づかれるかもしれませんが、ボールゲーム系競技はチームワークが求められる団体競技が多いのも特徴です。つまり、**運動量が多くエネル**

ボールゲーム系の主な競技一覧

- サッカー
- ラグビー
- テニス
- バスケットボール
- バレーボール
- バドミントン
- ハンドボール
- ホッケー

など

ギーを激しく消耗するにもかかわらず、自分のタイミングで休むことができないのです。そのためパワーとスピードに加え、スタミナも高いレベルで求められることになります。

高度なテクニックが求められる

また、テニス、バドミントン、バレーボールといったネット越しに対戦する種目以外は、コンタクトスポーツの要素があります。コンタクトスポーツとは、サッカーやバスケットボール、ラグビーなど試合中に相手チームの選手、ときにはチームメイトとも激しく接触することがあるスポーツのこと。そのため、ケガをする可能性も高くなります。

さらに、相手の動きを見ながら次に繰り出してくる技を予測したり、ボールコントロールやラケットコントロールをするなど、高度なテクニックを求められる競技でもあります。チームプレイでは相手のみならず味方の動きも冷静に見て判断しなければなりません。こうした**頭脳プレイを行うには高い集中力が不可欠となり、しかも集中力を試合が終わるまでキープし続ける必要があります。**

つまりボールゲーム系競技は、スピードとスタミナの両方を維持しつつ、高度なテクニックを繰り出す筋力も求められ、さらに高い集中力も必要になるということ。こうした特性に合った食事を考えることが、競技技術のレベルアップには欠かせません。

ボールゲーム系競技の決め手はスピードとスタミナ！

しなやかな筋肉づくりとエネルギー源の確保

ハイパワー系競技の選手ほど筋肉を太くしなくてもかまいませんが、スピードが求められるボールゲーム系競技も、強く柔軟性のある筋肉は必要です。そのため、ハイパワー系競技同様、筋肉の材料となる良質のたんぱく質を十分にとることが大切です。**筋肉の無水成分の8割はたんぱく質でできているので、しっかりトレーニングを行っていれば、食事によって摂取したたんぱく質は、ボールゲーム系競技で求められるような、強くてしなやかな筋肉づくりに役立ってくれます。**

たんぱく質には異化作用と同化作用という働きがあります。異化作用は運動やストレスなどによってたんぱく質が分解されやすくなることで、同化作用は分解されたときにいいタイミングでたんぱく質を摂取すると、たんぱく質をとりこみやすいからだになるということです。1日3食しっかりたんぱく質をとる以外に、たんぱく質が分解されやすくなっているトレーニング後に良質のたんぱく質を含む食品を間食としてとり、有効利用できるようにしましょう。肉や魚、乳製品などに含まれる動物性たんぱく質と、大豆および大豆製品に含まれる植物性たんぱく質の両方をバランスよくとることも大切です。

また、長時間にわたる試合を戦い抜くには、スタミナをつけなければいけません。そのためにはエネルギーを蓄える必要があります。

エネルギー源となる糖質が含まれているのはご飯、パン、麺類などの穀類（主食となるもの）です。1日3回の食事で主食をしっかりととり、スタミナを蓄えましょう。**練習や試合の前に、糖質の多い穀類やバナナなどを食べることは、スタミナアップに効果的です。**

また、ビタミンB_1は糖質がエネルギーに変わるのを助ける働きがあります。糖質と一緒にビタミンB_1の多いもの（豚もも肉やヒレ肉、ハムやうなぎなど）をとることで、エネルギー不足状態を回避することができます。

スタミナとスピードをアップする栄養素とその食品

スピードをアップする

栄養素

- たんぱく質
- カルシウム
- ビタミンD
- ビタミンB_6

食品

- 肉
- 生揚げ
- 卵
- ヨーグルト
- 魚（かつお、まぐろ、さけ、さんま）
- 水菜
- きくらげ
- 大豆

など

スタミナをアップする

栄養素

- 炭水化物
- ビタミンB群
- 鉄

食品

- ご飯
- アサリ
- そば
- がんもどき
- 胚芽パン
- 納豆
- レバー
- ほうれん草
- 豚肉
- バナナ
- ハム
- ドライフルーツ

など

高度なテクニックを維持するためのビタミンB群の役割

疲労回復と運動能力の改善

毎日ハードなトレーニングをこなすアスリートのからだは、知らず知らずのうちに疲労が蓄積していきます。**疲労はパフォーマンスを下げるばかりか、思わぬケガの原因にもなりかねません。**トレーニングや試合後に素早く疲労を回復することは、アスリートにとって非常に重要な課題なのです。

ベストコンディションを維持するには、疲労回復に役立つとともに、糖質や脂質がエネルギーをつくり出すのをサポートするビタミンB群の摂取も必要です。有酸素運動・無酸素運動ともにビタミンB群が不足した食事だと運動能力はすぐに低下してしまいますが、**ビタミンB群の不足を補うと、運動能力が改善されることがわかっています。**

有酸素運動と無酸素運動が繰り返されるボールゲーム系競技で高い競技力をキープするには、スタミナ不足にならないようエネルギー源を十分にとるとともに、ビタミン類もバランスよくとるように心がけましょう。

また、アスリートは一般の人より活性酸素の影響を受けるリスクが高くなります。抗酸化作用を持つビタミンA、C、Eを多く含む食品を積極的にとりましょう。

野菜には緑黄色野菜と淡色野菜がありますが、よりビタミン類が豊富に含まれるのは緑黄色野菜のほうです。また、同じ緑黄色野菜に分類される野菜でも、種類によって含まれる栄養素が異なるため、さまざまな種類の緑黄色野菜を組み合わせた献立を食べるようにしましょう。

ビタミンB群が減ると運動能力が低下する

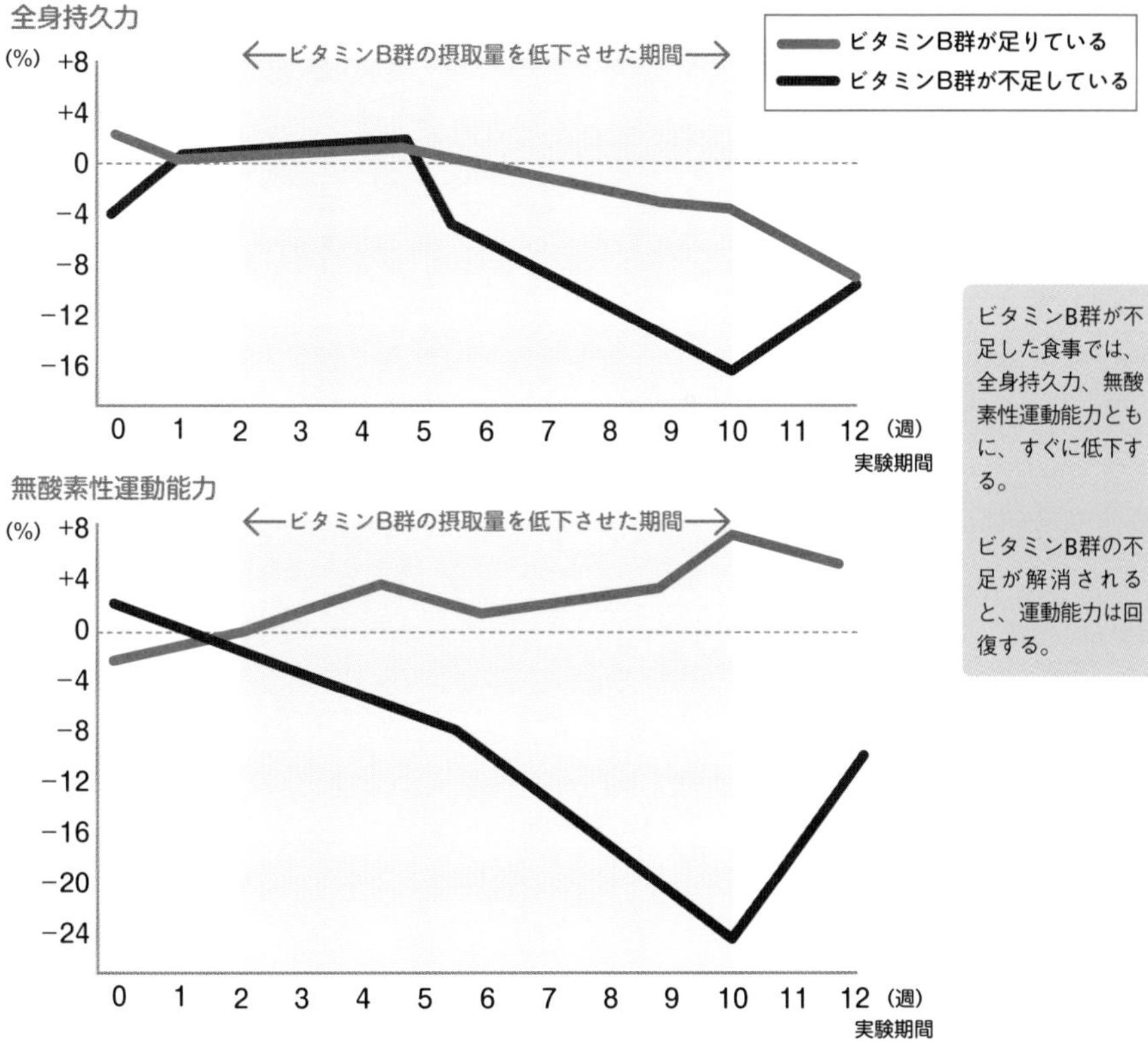

ビタミンB群が不足した食事では、全身持久力、無酸素性運動能力ともに、すぐに低下する。

ビタミンB群の不足が解消されると、運動能力は回復する。

（van der Beek EJ,1984）より作成

最大限の能力を引き出し、集中力を高く保つ！

頭脳戦や判断力には糖質が必須

どの競技もその場に適した動きや瞬時の判断が試合の優劣を決めるカギとなりますが、チームプレイの競技が多いボールゲーム系競技は頭脳戦となることも多く、試合中に高度な判断力や集中力が求められます。自分のパフォーマンスがチーム全体に関わってくることを考え、よりよい食生活を意識しましょう。

脳は人が消費するエネルギーの約20％も使っているといわれ、エネルギー不足になると思考力がすぐに衰えてしまいます。つまり、**判断力や集中力を高めるには、脳のエネルギー源となる糖質を含む食品（ごはん、パン、麺類、いも類など）を毎食きちんととる必要があるのです。**脳が活動を行うときにブドウ糖（糖質の中の単糖類の一種）が使われることから、血中にブドウ糖が不足していない状態だと記憶力が増すという実験結果も報告されているそうです。

注意したいのは減量中の人です。減量すると主食の量を制限しがちですが、脂質をエネルギーとして燃焼させるためにも、十分な糖質摂取が必要です。減量中であっても主食は適量とりましょう。

糖質を効率よくエネルギーに変えるために、ビタミンB1を一緒にとることも重要。主食のごはんを白米よりビタミンB1の含有量が多い玄米に変えたり、おかずにビタミンB1が豊富な豚肉、納豆、ハムなどを加えるといいでしょう。

また、魚の脂に含まれるDHA（ドコサヘキサエン酸）も記憶力を高めるなど、脳の活性化に役立つといわれています。体内ではつくることができない栄養素で、ブリ、イワシなどの青魚に豊富に含まれています。DHAには血液をサラサラにする効果もあり、特に成人の場合は生活習慣病の予防にも効果的です。さらに、**よくかんで食べることは脳への刺激になり、脳を活性化させます。かみごたえのある根菜類や切り干し大根、こんにゃくなどを献立に取り入れるのもおすすめです。**よくかむことで、食べ過ぎ予防や胃腸への負担を減らせます。

カルシウムで競技中のせり合いに負けないからだづくりを目指す

ケガをしないからだをつくる

ボールゲーム系競技は、からだとからだがぶつかったり、衝撃を受けたりするコンタクトスポーツが比較的多くなります。コンタクトスポーツの選手にとって、多少のケガは日常茶飯事になっているかもしれませんが、しょっちゅうケガをしていたら競技力を高めることはできませんし、選手生命にかかわる事態にもなりかねません。「**ケガをするのはしかたがない**」ではなく、「**ケガをしないからだをつくる**」**と考えるようにしましょう。**

コンタクトに負けないためには強い骨をつくるこ

カルシウムを多く含む食品

食品	食品の目安量	カルシウム含有量(mg)
牛乳	1杯(200mℓ)	227
飲むヨーグルト	240mℓ	284
プロセスチーズ	1切れ(20g)	126
木綿豆腐	1／2丁(150g)	140
納豆	1パック(50g)	45
ししゃも(生干し・生)	2本(40g)	132
しらうお(生)	大2杯(12g)	18
桜エビ(素干し)	大2杯(6g)	120
卵	1個(50g)	23

『日本食品標準成分表〈2020〉』参照

とが重要で、骨の材料となるのはカルシウムです。牛乳や乳製品、骨ごと食べられる小魚、乾物（切り干し大根、ひじき、こんぶ、高野豆腐）などはカルシウムが豊富な食品です。青菜類（特にモロヘイヤや大根の葉）や大豆製品にも含まれています。

カルシウムは体内に吸収されにくい栄養素のひとつで、もっとも吸収されやすい牛乳やチーズなどの乳製品でも吸収率はおよそ40％です。乳製品にはカルシウムの吸収を促進させるＣＰＰ（カゼインホスホペプチド）も含まれているので、おすすめです。

また、ビタミンＤは腸管でのカルシウムの吸収を促進したり、カルシウムが骨に沈着するのを助ける働きがあるので、カルシウムと一緒にとると効果的です。サケ、サンマなどの魚介類やきのこ類にはビタミンＤが豊富に含まれています。反対に、**インスタント食品やスナック菓子などには、カルシウムの吸収を阻害するリンが多く含まれています。これらの食品は控えるとよいでしょう。**栄養素の吸収率は食品同士の組み合わせで左右されることを意識しましょう。

一方、関節を強くする腱《けん》や靭帯《じんたい》などはコラーゲンが材料となっています。コラーゲンはたんぱく質の一種で、鶏の手羽先、牛スジ、魚の皮や骨、ゼラチンなどに多く含まれています。コラーゲンは加熱すると溶け出る性質があるので、溶け出したコラーゲンごと食べられるスープやシチューなどの汁物に調理するのがおすすめです。なお、コラーゲンの合成にはビタミンＣが必要になるため、ビタミンＣが豊富な果物や野菜なども一緒にとりましょう。

試されるのは持久力！ローパワー系競技の特徴

持久力の強化が優先される

マラソン、陸上・水泳・スピードスケートの長距離、陸上中距離、クロスカントリースキー、トライアスロン、カヌーなど、長時間の試合を戦い抜く競技がローパワー系に分類されます。ほかのタイプの競技でも持久力は求められますが、**ローパワー系競技は持久力の強化がトレーニングの最優先事項。**そのため、ローパワー系競技の選手は、すっきりと引き締まった上半身と、太くはないけれど強靭《きょうじん》な筋肉をつけた足を持っています。

ローパワー系競技でも、陸上中距離やカヌーなどはパワーも必要となり、トレーニングも持久力を高める走り込みだけではなくなります。そのため、さまざまな練習方法を必要としますが、それでも最も重視すべきなのは持久力ということになります。

ローパワー系の主な競技一覧

- マラソン
- 陸上長距離
- 水泳長距離
- スキー長距離
- 自転車（ロード）
- 陸上中距離
- カヌー
- スピードスケート長距離

など

持久力トレーニングの積み重ね

ローパワー系競技は、技術向上のためのトレーニングにかける時間と比べて、多くの練習は持久力の強化のために使われます。ほかの競技でも持久力を高めるために走り込みなどを行いますが、ローパワー系競技はそれをとても高いレベルで常に行っているのです。

どんな競技でも、試合本番で成果を出すためにはトレーニングの積み重ねが重要となりますが、ローパワー系競技はとくに試合本番に耐えられるだけの持久力をつける練習量が必要となってきます。練習では、試合で想定される状況よりかなり厳しい状況にからだを追い込み、それに耐えることで持久力を高めていかないと、長時間の試合を戦い抜き、勝利を勝ち取ることは不可能です。

たとえば、マラソン選手は1回のレースで2000～2500kcalのエネルギーを消耗し、4kg近く体重を減らす（汗による水分喪失も含む）こともあります。そのため練習では、それよりも過酷な条件で走り込みを行い、本番に備えなければならないのです。

つまり、**ローパワー系競技はトレーニング、試合本番ともに非常にエネルギーの消耗が激しい状況が続きます。**ローパワー系競技のアスリートは、それに耐えうるだけのスタミナを食事によって蓄えなければいけないということです。

過酷な練習に耐えられるエネルギーを確保しておくために

グリコーゲンの貯蔵量を意識

ローパワー系競技はすべて、体内にどれくらいエネルギーを蓄えられるか、つまり、試合中にスタミナ不足になるのを防ぐことができるかが、勝敗を決めるといっても過言ではありません。

そのため、試合を戦い抜く持久力をつけるために、試合以上にからだを過酷な状態にもっていく厳しいトレーニングを日々行うことになります。

つまり、**ローパワー系競技の選手は、常に十分なエネルギー源を確保しておく必要があるということ。**また、エネルギーの消耗が激しく疲労がたまりやすいため、効果的にエネルギーを補給して、すみやかに疲労を回復することも重要なポイントとなります。

筋肉や肝臓の中にあるグリコーゲンと、体内に貯蔵されている脂肪の2つが、運動中の主なエネルギー源となるもの。グリコーゲンは食事からとった糖質が消化されてグルコースとなって吸収され、体内で再合成されたものです。筋肉を動かすエネルギー源となるのは筋グリコーゲンで、主に脳を動かすエネルギーとなるのは肝グリコーゲン（肝臓に貯蔵されたグリコーゲン）から供給されるグルコース（血糖）です。

体脂肪をエネルギーとして燃やすには、グリコーゲンが種火として必要になります。つまり、グリコーゲンが枯渇した状態では、体脂肪をうまくエネルギーとして使うことができず、運動が続けられない状態となります。人が体内に貯蔵できるグリコーゲンの量は肝臓に約１００ｇ、筋肉に約２５０ｇで、それほど多い量ではありません。そのため糖質の少ない食事をしていると、摂取したグリコーゲンより消費するグリコーゲンのほうが多くなり、トレーニングを行った翌日に、元のレベルまで筋グリコーゲンを回復することができなくなります。その状態が続くとグリコーゲン貯蔵量の低下を招き、運動持久力が低下することになります。反対に、**毎食十分に糖質を補給していれば消耗した分のグリコーゲンを補充でき、翌日も厳しいトレーニングに耐えるだけのエネルギー源を確保することができます。**

ローパワー系競技のアスリートがとりたい栄養素と食品

とりたい栄養素	目安や効果	主な食品
糖質	1日に体重1kg当たり7〜10gを摂取。たとえば体重50kgの選手なら350〜500gの糖質が必要。	ごはん、パン、麺、もち、シリアル など
ビタミンB群	糖質などのエネルギー代謝の手助けをしてくれる。不足は疲れや持久力低下の原因に。	豚肉、ハム、大豆製品、ほうれん草 など
鉄	持久系種目のスポーツは貧血になりやすいため、持久力の維持には欠かせない栄養素。	レバー、アサリ、カツオ そば、マグロ など

エネルギー源である糖質が底をつかないように注意

グリコーゲン・ローディングを理解する

エネルギーの消耗が激しいローパワー系競技の選手は、体重1kgあたり7～10gの糖質をとるように推奨されています。たとえば体重70kgの人の場合だと、490～700gの糖質が必要となり、これをごはんに換算するとどんぶり用茶碗で4～6杯に相当します。**一度にたくさん食べるのが苦手な人は、1日3回の食事に間食を1～2回加え、必要な糖質をとれるように工夫してください。**

104～105ページで述べたように、体内に貯めておける糖質（グリコーゲン）の量は多くありません。そこでローパワー系競技では、試合に合わせて貯蔵量の限界まで糖質をためこむ「グリコーゲン・ローディング」を行うことがあります。

56ページでも説明しましたが、これは練習量を少なくしている試合3～4日前から、食事でとる総エネルギーに対して糖質の比率を70％程度まで引き上げるという方法です。糖質を多く含む穀類、いも類、果物のいずれか、もしくはいくつかを組み合わせて、糖質の摂取量を増やします。

また、カロリーオーバーにならないよう、糖質を増やした分たんぱく質と脂質の量を減らして調整しますが、**試合前に調子を崩さないようにするために、からだの調子を整えるビタミン・ミネラル類はできるだけ減らさないようにすることが重要です。**具体的には主食（ごはん、パンなど）の量を増やして、肉・魚・油脂類の量を減らし、野菜はしっかり食べるようにします。果物もビタミン・ミネラルが豊富ですが糖質も多いので、主食の量との兼ね合いで量を調整してください。ただし、**試合直前はからだの状態が神経質になる時期でもあるので、試合直前に初めて試すのはリスクが高すぎます。**ビタミン・ミネラル類の量は減らさず、どのように糖質源を増やし、どのように脂質とたんぱく質源を減らせば、効果的に糖質を蓄えることができるか、**栄養の専門家に相談するとよいでしょう。**

貧血対策も忘れずに。鉄分の補給は念入りにしておこう

鉄欠乏性貧血を防ぐためには

長時間運動をし続けるローパワー系競技の選手は、貧血によるパフォーマンスへの影響が大きいため、貧血対策も重要です。貧血にはいくつかの種類がありますが、注意したいのは「運動性溶血性貧血」「鉄欠乏性貧血」です。

「運動性溶血性貧血」は、足裏から衝撃を受け続けることで赤血球が壊れやすくなるために起こる貧血です。新しくつくられる赤血球の数より壊れてしまう赤血球の数のほうが上回ってしまうと、血液中の赤血球が少なくなり貧血となります。これは、くつのソールのクッション性を高めると予防効果があると報告されています。また、ローパワー系競技の選手はトレーニング中も試合中も大量に汗をかき、汗とともにミネラルも排出されてしまいます。その結果、**ミネラルの一種である鉄が不足すると「鉄欠乏性貧血」を起こします。女性アスリートは月経によっても鉄が失われるため、さらに貧血を起こしやすい状態となります。**では、貧血はスポーツ選手にどのようなダメージを与えるのでしょうか。

体内にある鉄の大半はヘモグロビンとして赤血球の中にあり、酸素をからだの隅々に運ぶ役割をしています。食べた物を体内で燃やしてエネルギーにするためには酸素が必要で、**ヘモグロビンの量が多いほど効率よく酸素を運ぶことができるしくみになっています。**つまり、貧血で鉄が不足すると食べた物がうまくエネルギーにならず、スタミナを維持できなくなり持久力の低下を招くというわけです。

鉄はレバーや牛肉など動物性食品に含まれる「ヘム鉄」と、ほうれん草などの植物性食品に含まれる「非ヘム鉄」があり、ヘム鉄のほうが吸収率が高いといわれています。

また、ビタミンCやたんぱく質は鉄の吸収を高める効果があるので、一緒にとるようにしましょう。ビタミンCはコンディションを整えて、コラーゲンの合成・維持にも重要な働きをし、たんぱく質は筋肉の材料となるもの。どちらも重要な栄養素なので、鉄とともに毎食とるように心がけてください。

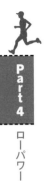

鉄の食事摂取基準(mg/日)

	男性		女性		
年齢	推奨量	耐容上限量	月経なし推奨量	月経あり推奨量	耐容上限量
10〜11(歳)	8.5	35.0	8.5	12.0	35.0
12〜14(歳)	10.0	40.0	8.5	12.0	40.0
15〜17(歳)	10.0	50.0	7.0	10.5	40.0
18〜29(歳)	7.5	50.0	6.5	10.5	40.0
30〜49(歳)	7.5	50.0	6.5	10.5	40.0
50〜64(歳)	7.5	50.0	6.5	11.0	40.0
65〜74(歳)	7.5	50.0	6.0	—	40.0
75歳以上	7.0	50.0	6.0	—	40.0

『日本人の食事摂取基準(2020年版)』より改変

疲労骨折を防ぐため、カルシウムで骨の強化をする

骨密度を低下させない

長時間運動を続けるローパワー系競技は、疲労骨折のリスクが高くなります。疲労骨折とは、1回の大きな衝撃で起こる通常の骨折とは異なり、骨の同じ部位に小さな力が繰り返し加わることで骨にひびが入り、それが進んで骨折となる状態です。また、スポーツは筋肉収縮の連続作業であり、筋肉を収縮させるにはカルシウムが必要になります。**筋肉収縮などに使うカルシウムが足りなくなると、骨からカルシウムを補おうとするため骨密度が低下します。**そのままスポーツを続けると、疲労骨折のリスクがさらに高まります。

運動中に大量にかく汗によっても、カルシウムは失われていきます。一般の人は1日に2～2・5Lの汗をかくとされますが、アスリートは

汗1Lをかくと失われるミネラル

カルシウム	21～78㎎
鉄	0.5～1.2㎎
カリウム	200～1000㎎

欠乏した際の症状

カルシウム:血圧上昇・骨粗しょう症・筋肉痛などを引き起こす

鉄:エネルギー生成に支障、貧血を引き起こす

カリウム:全身倦怠、筋疲労、筋麻痺などを引き起こす

夏場になると一度のトレーニングで2～3Ｌを超えることも珍しくありません。汗１Ｌにカルシウムが50mg含まれるとすると、５Ｌで２５０mgものカルシウムが排出されてしまうことになります。

カルシウムはミネラルの一種で、体内に取り入れたカルシウムの99％は骨と歯の材料になりますが、歯の材料に使われる量はごくわずかなため、ほぼ骨の材料になっています。残りの１％は脳と筋肉をつなぐ神経系の伝達や筋肉の収縮、血液の凝固などに使われます。

このように、**アスリートにとってカルシウムはとても重要な栄養素ですが、日本人の食生活では最も不足しやすい栄養素だといわれています。**カルシウムが不足すると疲労骨折につながる原因になる可能性があるほか、イライラする、すぐにかっとなるなど、情緒面でも悪影響を受けやすくなります。試合中冷静に状況を判断することを求められるアスリートにとって、これはかなりマイナスとなります。さらに、成長期にカルシウムが不足すると、丈夫な骨ができません。

カルシウムを多く含み、吸収率にも優れているのは牛乳および乳製品です。**日本人がカルシウム不足になりやすいのは、欧米人に比べると乳製品をとる量が少ないからだといわれています。**成人男性が１日に必要とされるカルシウムの量は約７００mgですが、アスリートはおよそ１０００mg必要になります。牛乳は手軽に飲むことができ、１００g（約97mL）に１１０mgのカルシウムが含まれており、吸収率が40％とほかの食品に比べて高いので、上手に利用するといいでしょう。また、大豆製品もカルシウムの含有量はかなり多いです。乳製品と合わせて１日１～2回は食べるようにしてください。

ジュニア期である小中学生に必要な食事について考える

大人とほぼ同カロリーかそれ以上が必要

小学校高学年から中学校までのジュニア期は、身長が伸び、体重が増え、心肺機能も発達してからだが大きく成長する時期です。

エネルギーも栄養素もどんどん消費されるので、どんな子どもにとっても、食事をしっかりとることが大切になってきます。ましてやアスリートなら、からだの成長に加えてトレーニングで使うエネルギーが必要なので、なおさらしっかり食べるようにします。

ジュニア期に必要な食事量は、実は大人とそれほど変わりません。たとえば、30〜49歳のデスクワークの多い男性の1日の栄養所要量が2300kcalであるのに対し、特別な運動をしていない12〜14歳の男子は2400kcalとほぼ同じです。

アスリートであれば、運動した分のエネルギーがさらに必要となるので、むしろ大人よりたくさん食べる必要があります。

学校給食のすすめ

必要な栄養素をしっかりとることは、なかなか難しいもの。**そのためにぜひ活かしてほしいのが学校給食です。多くのジュニアアスリートにとって、1日3食のうち1回を占める、重要な食事といえます。**

そして、保護者や指導者であれば、子どもたちが給食でどんなものを食べているのか、知っておくことをおすすめします。給食の献立は、管理栄養士や栄養士によって考えられたものです。子どもたちに必要なエネルギー量、栄養所要量、栄養素の組み合わせなどを綿密に計算したうえで、作成されています。**これだけ完璧な食事を毎日食べられるのは、ジュニアアスリートにとって大変ラッキーなことです。**また、給食では食べ逃しということも起こりません。給食を1日の献立の中心とし、栄養バランスを整えましょう。

「食べる」習慣を訓練する

ジュニア期に、朝食を食べない、おやつに甘いものを食べる、といったような習慣が身につくと、アスリートとして苦労してしまいます。

ジュニア期においては、周囲の大人たちが気を配りながら、環境を整えてあげましょう。

朝起きてすぐに食べられないなら、まずは余裕を持って起床し、からだをゆっくり目覚めさせましょう。朝食までに少し時間をおくようにすれば、食欲がわいてきます。また、日中の激しい練習でからだが疲れてしまうと、やはり食欲がなくなることがあります。そんなときこそしっかり食べることが大切です。ゆっくりと、よく味わって食べましょう。

競技のパフォーマンスを高めるために、ジュニア期から食べる力を鍛えておきましょう。

給食と家庭料理のバランス

給食のエネルギーや栄養素の計算は1人分を完食した場合の数字ですから、残さずに食べることがポイントになります。苦手なものがあっても、からだづくりには必要なのだと理解して、好き嫌いなく食べるようにしましょう。

さらに、**アスリートの場合はほかの子どもより運動量が多いので、通常1人分よりたくさんのエネルギーと栄養素を必要とします。**そこで、足りない量を補うために、まずは朝食をしっかり食べておくことが大切です。さらに学校が終わってからスポーツをする前に、補食をとってもよいでしょう。その場合は、運動に必要なものを選んで食べることが重要です。たとえばアスリートはたくさんのエネルギーを必要としますから、エネルギー源になる糖質を多く含む食品を積極的にとるとよいでしょう。さらに、糖質を効率よくエネルギーに変え、からだの機能を維持してくれるビタミンやミネラル類、たんぱく質ももちろん重要です。ミネラルやビタミンは果物や野菜に多く、たんぱく質であれば肉や魚といったように、どの食品にどんな栄養素が含まれているのか、自分に足りていないものは何か、アスリート本人が考えて選びましょう。それが栄養に関する知識を身につけるトレーニングになります。一方、家庭では何を食べるのがベストなのでしょうか。それを考えるには、給食のメニューがヒントになります。おそらく学校では定期的に、給食の献立表やニュースレターなどを発行しているはずです。そこには1カ月分の献立や、使用食材、食材に含まれている栄養素などが載っています。たとえば、給食の献立に揚げ物が入っていたら、家庭ではあっさりした煮物にするとか、給食でお肉を使っているなら家庭では魚や豆腐をメインにする、というようにします。**献立表を読むことで、食材や調理法のダブりを防ぎ、1日のなかでバランスよく栄養がとれます。**

さらに、献立表をながめることで、さまざまな発見があります。**食材の組み合わせ方や意外な味つけ、家庭ではつくったことのないメニューがたくさんあるかもしれません。**栄養があり、子どもたちが親しんでいる食事ですから、家庭食を考えるうえでも大いに参考になるはずです。

ジュニア期から食事への意識を高く持つことで、その後のアスリート人生は豊かになっていきます。保護者や指導者の立場にある方は、子どもたちが理解を深めていけるよう指導してあげてください。

丈夫な骨格づくりはジュニア期にかかっている

ジュニア期に欠かせない栄養素のひとつがカルシウムです。**丈夫な骨格は、10代でとったカルシウムの量で決まります。**骨の強さの判断基準となる骨塩量（骨に含まれるミネラルの分量）は、20歳代をピークに30歳以降は低下することがわかっています。

骨塩量は大人になってから増やすことが難しいため、ジュニア期にたくさんのカルシウムをとって増やしておかないと、骨格の弱い大人になってしまいます。

また、心身のバランスが崩れやすくなる思春期になると食の好みが変わったり、偏食がちになったりします。**保護者はこうした心の動きを理解しつつ、おいしく食べる雰囲気づくりを心がけてあげることが大切です。**

本格的なトレーニング開始。高校生は食生活の乱れに注意

サプリメントの使用は大人に相談

高校生になると本格的に競技に取り組むようになります。そして、自分が取り組んでいるスポーツについて、高校卒業後はさらに高いレベルを目指していくのか、あるいは趣味程度に留めるのか、将来を見極める必要が出てきます。

小中学生に比べるとからだが大人に近い状態になり、競技力もかなり高くなりますが、まだアスリートとして技術が未熟な状態にもかかわらず、専門的なトレーニングが増加するため、故障の原因となることもあります。

さらに、給食がなくなることによって、必要なエネルギーや栄養素がとりきれなくなることもあります。また、女子であれば体型を気にしてお弁当を小さくしたりなどの傾向もみられますので、注意が必要です。まずは、自分のトレーニングとそれに必要な食事量を把握しましょう。その上で、とりきれない栄養素があると感じた場合は、栄養の専門書を読んだり、家庭科の先生に相談してみたりしましょう。

また、男女問わず、食べることでストレスを発散しがちなのもこの年代の特徴です。

小中学生のように家族と一緒に食事をする場面が減り、外食も増えるため、保護者が食事を管理しづらくなります。

その結果、**脂質が多く野菜類の少ない食事が増えたり、カップラーメンやインスタント食品、菓子、ジュース類などを頻繁に食べるなどして、栄養バランスが乱れることが心配されます。**

これらはスポーツをしている、していないにかかわらず高校生にありがちな食生活の問題でもあります。ですが、アスリートの場合はさらに、練習を長時間行うことによる食事時間のずれや、トレーニング量に見合うだけの栄養が食事からとれず疲労が蓄積するなど、スポーツ選手ならではの問題点も加わります。

自己管理能力をつける

高校生のこの時期、無理な減量やダイエットをするために、食事の量や回数を減らしてしまうと、当然ながら、故障や慢性疲労、筋肉がつかない、体重が増加するなどといった体組成への影響も起こります。また、高校は自宅から遠方になる学生も多いでしょう。そういった場合、部活後から帰宅までの通学時間を考えると補食もポイントとなります。この時期にありがちな傾向として、食事を我慢して、お菓子をちょくちょくつまんでしまうことです。お菓子には糖類が含まれているためエネルギー源にはなりますが、砂糖はすぐに吸収されてしまうため、エネルギーとして使いきれずに余分な脂肪になりやすいのです。

しかも、糖質以外の栄養素がほとんど含まれておらず、食事の代わりに食べてしまうと、食事としての栄養バランスを崩すこととなります。

保護者が管理できない分、自分でどれくらい食事を管理できるかが、この年代の競技力向上の要となります。バランスよく食べるのが基本ですが、胃腸に負担をかけない食べ方を意識したり、消化・吸収を促すよう十分に休養をとることなどを含め、食に関する自分のスタイルを確立する必要が出てきます。そのためには、**食事について相談できる大人を見つけたり、本などで勉強するなどして、正しい知識を身につけることが欠かせません。**

女性アスリートならではの問題

成長期にある中学生から高校生の女性アスリートは、これくらいの年齢になると、子どもの頃より体脂肪が増えて、丸みのある女性らしいからだに変化します。**身長も伸びるので当然、体重も増えますが、太ったわけではないので体重を減らす必要はありません。**それよりも、この年齢で必要な栄養素をしっかりとらないと、選手として思い切り力を発揮したい時期に、ベストを尽くせなくなります。

たとえば、高校時代に厳しいトレーニングと食事制限によって無月経になり、そのまま放置していると、20歳前後でからだが耐え切れなくなって疲労骨折を起こしやすくなることもあります。アスリート自身はもちろんのこと、**決して過度なダイエットに走らないよう、保護者や指導者もきちんと見守ってあげましょう。**

女性に起こりやすい貧血や骨密度の低下を予防

体脂肪をコントロールしていくなかで、女性に起こりやすい貧血や骨密度の低下といった問題をクリアするためには、ビタミン、ミネラル類をしっかりとることが大切。特に鉄は、男女ともにたくさん運動をする人ほど、不足しがちな栄養素です。女性の場合は月経で鉄を失うため、さらに意識してとる必要があります。

また、たんぱく質は骨や筋肉をはじめホルモンをつくる材料にもなるので、ビタミンやミネラル同様にしっかりとりましょう。鉄とたんぱく質を豊富に含んでいるレバーは、女性アスリートにおすすめの食材です。

また、夜遅い時間の食事は体脂肪になりやすいので、夕食はきちんと食べて、夜食は控えるのが賢明です。

練習と生活の両立を目指す大学生のための食事計画

食生活の自立を

大学で本格的にスポーツを続けている人は、セミプロといっていいほど技術力が高いスポーツエリートの人もいるでしょう。そのため常に高い競技力を求められ、それと同時に質の高い食生活も求められます。大学生になってひとり暮らしを始めるアスリートも少なくないでしょう。毎日ハードな練習に追われ、食事はつい外食やコンビニ弁当で済ませがちになることもあるでしょう。それが栄養バランスを崩す原因にもつながります。**正しい食事として、まずは主食をしっかりととり、スポーツ時のエネルギーを確保することが大切です。**そのうえで、卵や食べきりパックの豆腐、納豆などのたんぱく源や、果汁１００％のジュースなどをとりましょう。

また、ミネラル・ビタミンが豊富な乾物を利用するのもおすすめです。切り干し大根や乾燥わかめ、高野豆腐などを、カップ味噌汁などの汁物にプラスしたり、麺類の具にするだけでも栄養価が高まります。寮生活の学生であれば、自分が摂取すべきエネルギー量を把握しておくとよいでしょう。

学生寮の食事は、一般的に寮生全員に同じメニューが提供されます。中にはスポーツと無関係の学生もいるでしょう。アスリートとしてハードな練習を必要とする学生にとって、自分の適量を把握しておくことは大きなアドバンテージとなります。

それぞれの競技によって必要な栄養素もさまざまです。自分の競技に合った食事の仕方を知っておくようにしましょう。また、学生のアスリート仲間や友人たちと食品を大量購入し、分けてみるのもよいでしょう。食事制限の必要な選手は、入学時に寮の関係者に相談しておくとスムーズです。

新しい環境に踏み出すときは、それまで当たり前だったことが遠ざかることもあります。事前にきちんとした食生活を送れるように準備をしておきましょう。

自炊のための調理道具&便利食品

～これさえそろえればOK!　調理道具一式～

- 大きめのテフロン加工フライパン
- 菜箸、フライ返し、お玉
- キッチンばさみ
- ピーラー
- まな板
- 包丁
- 電子レンジ用調理器具
- 炊飯器

～あると便利な食品たち～

ご飯にかけるだけでOK

- 納豆
- 卵
- ごま
- ふりかけ
- 梅干し
- のり

そのまま食べられるたんぱく源

- 魚肉ソーセージ
- チーズ
- ちくわ
- かまぼこ
- かにかま
- ハム
- サラダチキン

サラダや汁物になる

- 缶詰（ツナ、コーン、ミックスベジタブル）
- 乾物（わかめ、高野豆腐、ごまなど）

本格的なアスリート集団である実業団のための食事計画

理想に追いつくための計画

実業団は大学生よりもさらに高い技術力が必要になります。しかし、それとともに、年齢によるコンディション維持の難しさや体力の低下を徐々に感じることがある時期でもあります。自分が描く理想の姿と現実の姿にギャップが生じるようになります。そのギャップを埋めるためには、心身のコンディション管理と食事の管理が必要なのです。

実業団でスポーツを続ける人は、食事や栄養の面でサポートしてくれる専門家が近くにいるのがベストです。しかし、本人が体力のうちどこを強化したいか、どのようなからだをつくっていきたいのかという目的がはっきりしていなければ、専門家も役に立つアドバイスをすることができません。**自分が思い描く理想のからだをイメージしたうえで、自分の習慣や食生活などのパターンを把握することが重要です。**

さらに、長期的な計画を立てることも欠かせません。競技の期分けに合わせて、食事の管理をしっかりとしていきましょう。

酒の席はつまみに工夫

実業団の選手は飲酒の機会が多くなります。なるべく避けようとしていても、付き合いで断れないこともあるでしょう。**アルコールは糖質やたんぱく質よりエネルギーが高いわりに、運動のエネルギー源としては使われません。**

また、人のからだは、食事でとったものよりアルコールを優先的に分解するようにできているので、から揚げやピザなど高エネルギー・高脂肪の料理と一緒にとると、脂肪がからだに蓄積しやすい状態になってしまいます。しかし、空腹の状態で飲酒すると胃からどんどん吸収されてしまうので、**刺身や豆腐料理、野菜料理など、低カロリー高たんぱくで、ビタミン、ミネラルを補えるものを、お酒と一緒に食べるようにしましょう。**少ない量のアルコールは食欲を増進させてくれますし、ストレス解消になる人もいるでしょう。だからこそ、適量を把握し、正しい飲み方を心がけましょう。

お酒に含まれるアルコール量

アルコール	摂取量	アルコール量（g）
日本吟醸酒	1合（180㎖）	22.6
ビール	中瓶1本（500㎖）	18.4
焼酎（甲）	0.5合（90㎖）	25.2
焼酎（乙）	0.5合（90㎖）	18.0
ワイン（白）	グラス1杯（120㎖）	11.0
ウイスキー	ダブル1杯（60㎖）	19.2

アルコールは体内で完全に分解されるまで時間がかかります。アルコールの分解速度は1時間あたり0.1～0.2g/kg（体重）です。摂取したお酒に含まれるアルコール量を知っておきましょう。

『日本食品標準成分表〈2020〉』参照

アルコールとの付き合い方

20歳を過ぎると飲酒ができるようになりますが、年齢とともに体力の回復は遅くなります。アルコールを飲むと、寝ている間も肝臓が分解のために機能し、さらに疲労回復が遅くなってしまいます。

飲酒するときは翌日にお酒が残らない量に留めるのが基本です。アルコールの分解速度は1時間当たり0・1～0・2g／kg（体重）とされます。たとえば、500mLの缶ビール（アルコール分約5％）のアルコール量は約20gなので、体重70kgの人が飲んだ場合、**体内のアルコールが完全に分解されるまでに2～3時間かかることになります。**飲み過ぎで、翌日のトレーニングまでにアルコールが分解しきれなくなってしまわないように気をつけましょう。

また、飲み過ぎると翌日は脱水症状が起きやすい状況となります。それは、運動による脱水症状とアルコールによる脱水症状が同時に起きる可能性があるからです。これらの影響で熱中症になったり、最悪の場合は脳血管疾患や心筋梗塞《しんきんこうそく》などを起こす恐れがあります。お酒を飲むときは、とくに運動前と運動中、運動後にこまめに水分補給を行い、**飲酒の場ではできるだけアルコール度数の低い飲み物を選び、量はごく控えめにし、リスクを避けるようにしてください。**

また、アルコール摂取により必要な栄養素がとれなくなるなどの弊害が起こらないように注意が必要です。アルコールとの付き合い方次第で、疲労回復の効果は大きく変わってきます。翌日のトレーニングにベストコンディションで取り組めるように、意識を高く持って飲酒しましょう。

こうしたことは、ふだんトレーニングをしている最中より休日など気が抜けているときにこそ注意が必要です。オフシーズンなどでレジャーの一環としてスポーツをしている際に、特に気をつけてください。

引退後の生活を考える

実業団の選手はいずれ引退を迎える日がやってきます。引退後も現役と同じような食事をしている人が多いのですが、アスリート時代は競技生活に適した食事をしているので、現役と同じ食事をしていたらエネルギーが消費しきれず太る原因にもなります。

現役を引退後に、たとえある程度運動を続けていたとしても、エネルギー消費量に見合った一般的な食事内容に切り替え、生活習慣病などを予防するようにしましょう。そのためにも、**いまの自分の食事の摂取量や、トレーニングの方法、そこで消費されたエネルギーなどを把握しておきましょう。**引退後はその基準とすり合わせ、食事量を調節することをおすすめします。

また、運動量が大きかった人ほど、引退後にきつい運動をしなくなったことで食事量が増える傾向にあるので、そちらも注意していきましょう。

からだへの自覚が重要！シニアのための食事計画

シニアだということを意識する

実業団の選手など若いアスリートは、健康より競技力を優先させても問題なく対応できることが多いのですが、シニアが無理をして競技力を優先させると、健康を損なう恐れがあります。**シニアがスポーツをするうえでまず必要なのは、疲労回復に時間がかかること、からだが衰えていることを自覚することです。**若いころ本格的にスポーツをしていた人ほど自分の体力や身体能力を過信して、年齢的に無理なハードトレーニングを行い、ケガや病気を招くことがあるので要注意です。また、加齢によりからだの機能の維持が低下するため、脱水を起こしやすくもなります。まずは水分補給をしっかりと、そのうえで**トレーニングによるエネルギー消費に見合った食生活を心がけ、健康的に競技を続けられるようにしましょう。**

また、シニアは体調の変化も起こりやすいので、その日の体調に合わせてトレーニングメニューや食事の内容を変えることも重要です。たとえば、食欲がないときには運動量を減らして食欲を回復させたり、運動量は変えずに消化のよいものを食べるようにするなど、臨機応変に判断してください。

シニアアスリートに積極的にとってほしい食品は、肉や魚など、たんぱく源となるものです。健康への意識や生活習慣病への予防で、野菜が多くなりがちですが、トレーニングによる消費エネルギーに合わせ、栄養を補える食事計画を心がけることが大切です。

また、運動をしているという安心から、消費する以上のエネルギーを摂取してしまうと、体内に余分な脂肪を蓄積することとなり、さまざまな病気の原因になりかねません。

特に生活習慣病の人や生活習慣病予備軍の人は、注意が必要なポイントが多くなります。そのため、専門家の指導を受けながら食事とトレーニングの内容を決めるのが望ましいです。科学的なデータをもとにした栄養指導を受けることで、急激なからだの変化にも速やかに対応できるようになります。

COLUMN

GI値は食品の組み合わせ次第で変化する

スポーツの現場では、ハードなトレーニングの後や試合が重なったときなどのエネルギー源として、食品のグリセミック・インデックス（GI値）が高いものをすすめています。

代表的なものとして、白パンやもち、ご飯があげられますが、このGI値は食品を単品の状態で食べたときのものです。とはいえ、まったく手を加えずにこれらの食品を食べる機会は少ないでしょう。

調理して手を加えたり、調味料と一緒に摂取するとなると、GI値に変化が起きます。たとえば、白パンにバターをつけて食べるとGI値は下がります。カスタードクリームやピーナッツクリームなどでも同様です。油や食物繊維といったような、血糖値を上げにくいものと一緒に摂取すると、GI値は低くなるのです。

また、調理方法によっても変化は起きます。米は炊く前はGI値が低いのですが、炊いたあとはGI値が高くなります。簡単にいうと、火を通し、糖が消化吸収しやすい状態となったものはGI値が高くなります。

じゃがいもは油を使ってポテトフライにするよりはふかす、ご飯もチャーハンにするよりおかゆにしたほうがGI値が高くなります。

食品のGI値を参考にするときは、こういった特性を生かして摂取すると、エネルギーの早い回復がのぞめます。

油脂の量でGI値が変わる

GI値	調理方法	調味料
高	ゆでる、ふかす、蒸す	そのまま食べる
↑	煮る（砂糖・しょうゆ）、生	ノンオイルドレッシング
	炒める、焼く（油）	ソース、ケチャップ
↓	かき揚げ、素揚げ（油）	ドレッシング（サウザン、中華、フレンチ）
低	天ぷら、フライ	バター、マーガリン、マヨネーズ

Part 5

強くなるための目的別食事計画

いま、自分に必要なものは何か。
まずはそれを知り、次に目的を見出すことが重要だ。
そして、どんな状況でも戦えるからだを目指していく。

たんぱく質、ビタミンCのプラスアルファで風邪に勝つ！

風邪に負けないからだづくり

大切な試合や競技の前に、風邪で体調を崩してしまったという経験は、誰にでもあるはずです。一般的にいうと、風邪はウイルスによる上気道（鼻から喉《のど》にかけて）の感染症であり、薬での治療は症状を緩和する対処療法です。このため、予防が大変重要になってきます。食事前の手洗い、うがいも徹底することが大切です。栄養という視点で風邪の予防や対処を考えると、**バランスのよい食事でからだの抵抗力や免疫力を高め、普段から風邪に強いからだをつくることが重要です。**

ウイルスに対する抵抗力や免疫力を高めるためには、まず魚介類、肉類、卵、大豆製品、乳製品などから、たんぱく質をしっかりとることです。たんぱく質は筋肉や血液など、からだをつくる主な成分であり、十分に摂取することで基礎体力がつき抵抗力も高まります。また、たんぱく質の摂取によって体温が上がることから、からだの冷えを防ぎ、風邪の予防に大きな役割を果たします。そして、風邪の予防に重要な栄養素がビタミンCです。ビタミンCはからだの免疫力を高め、疲労回復にも有効です。

レモンやグレープフルーツ、みかん、いちごやキウイといった果物には、豊富なビタミンCが含まれているので積極的にとりましょう。

風邪では喉や鼻などの粘膜が炎症を起こすため、これらの粘膜を保護する効果のあるビタミンAも積極的に摂取しましょう。鶏や豚のレバーをはじめ、うなぎ、にんじん、かぼちゃやほうれん草などから、ビタミンAをとることができます。さらに、ビタミンB群、ビタミンD、Eをとることも忘れないようにしましょう。そのうえで、消費量にあったエネルギー補給をしっかりと行うことが重要です。

また、ねぎやにら、玉ねぎやにんにく、しょうがなどの食品に**含まれる刺激成分や辛味成分は消化を助けるとともに、**からだを温める効果があり、**風邪の予防には効果があるといわれています。**

下痢や便秘の際に、どのような食事をとるかを知る

まずは水分を補給することから

風邪と同様に、日常的に起きやすいからだの変調として、下痢や便秘にも注意が必要です。冷えによる下痢、消化不良による下痢、牛乳などの消化不良による下痢、ストレスによる下痢などは日常的なものであり、多くの人が体験することです。

急激に激しい下痢を起こした場合は、速やかに医療機関で治療を受ける必要があるのはいうまでもありませんが、日常の不調を避けるため、普段から腸内の環境を整えることが大切です。炭酸飲料や冷たい飲み物などは内臓を刺激しますので、不調を感じた際は、温かい白湯や番茶、電解質と糖質の配合バランスを考慮した経口補水液（ＯＲＳ）などを、少しずつ飲むように心がけましょう。

下痢のときには、重湯やスープ、具のない薄い味噌汁などを少しずつとりましょう。症状が回復してきたら、おかゆ、おじや、うどん、やわらかく煮た野菜、さらに煮魚や豆腐、果物であればりんごやバナナなど、消化のよいものを徐々にとっていきます。

状況に応じて食品を選択

消化の悪い生野菜や、ごぼう、トウモロコシなど食物繊維を豊富に含んだ食品は、下痢の際には避けたほうがよいでしょう。また、天ぷらやフライなど油分の多い料理も避けましょう。

一方で、**日常的に消化しやすい食物ばかりをとり続けていると、腸の粘膜が刺激されないために排便が起こりにくくなり、慢性便秘の原因となります。**

便通を正常にするために、大腸壁を刺激して大蠕動《だいぜんどう》を起こさせるには、毎日18～20ｇほどの食物繊維質をとることが必要です。食物繊維は、からだの中ではほとんど消化されることがなく、水を含む性質がとても強いので、消化管の中で水分を吸ってふくらみ、腸の蠕動を促すことで、便通を促進します。

食物繊維を多く含む食品というとごぼうやセロリなどの野菜を思い浮かべることが多いですが、同じ量であれば、きな粉や海苔《のり》のほうがより多くの食物繊維を含んでいます。また、干し柿やラッキョウは、非常に多くの食物繊維を含んでいる食品です。

減量時に食事量を減らしている場合など、腸への刺激が弱まり蠕動の働きが弱まることがあります。**長期的な便秘対策として、腸内の環境を整えるために、食物繊維の多い食品や、乳酸菌を多く含むヨーグルトを普段から食べるようにしておくのもよいでしょう。**

ケガの回復を早める栄養素の働き

エネルギーの摂取量を見直す

スポーツをしている以上、ケガをする可能性は常に否定できません。ケガをしてしまった場合は、医師の診断をあおぎ、速やかに回復させるよう心がけましょう。また、普段からケガをしにくいからだづくりを心がけたいものです。

スポーツによるケガはさまざまですが、**療養中は、エネルギー摂取は控えつつ、からだの修復のために栄養をたっぷりととることが必要です。**療養中、普段と同じだけのエネルギーを摂取すると、運動量が落ちているにもかかわらずエネルギー摂取量は変わらないことから、結果として体脂肪が増えることになります。これを防ぐために、療養中の食事量は、ケガの前よりも少なくするとよいでしょう。

一方で、ケガからの早期回復のためには、以下の栄養素を意識してとることが重要です。

まず、**たんぱく質は、筋肉や骨、皮膚の材料となる栄養素であり、同時に酵素やホルモンの材料となってくれます。**スポーツでのケガでは、関節や靱帯《じんたい》を痛めることが少なくありません。関節や靱帯の形成には、コラーゲンが大きな役割を果たします。コラーゲンのもとはたんぱく質ですので、こうした意味でも、ケガをした際には良質なたんぱく質をしっかりと摂取することが大切なのです。

カルシウムは骨の材料となる栄養素であり、骨に関するケガの際にはしっかりとりたいものです。また、普段からカルシウムを十分に摂取して強い骨を育むことは、結果としてスポーツにおけるケガの予防につながります。カルシウムを豊富に含む食品には、牛乳やひじき、煮干しなどがよく知られています。ケガの療養中はもちろん、普段から1日800mgのカルシウムを目安に摂取することを心がけましょう。

また、ケガの回復に役立つ栄養素の吸収を

ケガの回復時にとっておきたい栄養素

不足させたくないカルシウムとビタミンC

ケガをしたら回復のためにはカルシウム、ビタミンCが最適。

カルシウムを多く含む食品

牛乳、飲むヨーグルト、チーズ、木綿豆腐、納豆、ししゃも、しらす、桜エビ、卵

ビタミンCを多く含む食品

トマト、キャベツ、じゃがいも、ブロッコリー、いちご、オレンジ、キウイ、グレープフルーツ

とりすぎに注意したいリン

リンを過剰に摂取するとカルシウムの吸収が阻害されてしまう。
リンの多い食品をとりすぎないよう注意する。

リンをたくさん含む食品

加工食品、スナック菓子、炭酸飲料

よくするのがビタミンCです。たとえば、軟骨や腱《けん》をつくり出すコラーゲンは、体内で維持・合成されるために、ビタミンCを必要とします。

これらの栄養素とは逆に、**ケガの療養中はできるだけ摂取したくないのがリンです。**リンを過剰に摂取すると、カルシウムの吸収が阻害されてしまい、ケガの回復を遅くしてしまうかもしれません。リンが多く含まれる食品は、加工食品やインスタント食品、炭酸飲料やスナック菓子ですので、これらの食品のとりすぎには十分に注意しましょう。

速やかな疲労回復でケガを未然に防ぐ

スポーツにおけるケガは、集中力の欠如によっても起こります。そして集中力が落ちる大きな原因のひとつが疲労です。からだに負荷がかかるスポーツは、結果としてどうしてもからだに疲れがたまってしまいますが、これらを普段から予防し、**疲労回復に努めることがケガの予防にもつながります。**

適切な栄養をとらずに運動を続けると、エネルギーの不足により疲労がたまりやすくなります。このため、ある程度の強度のあるスポーツを行った後は、なるべく早く食事をすること。また、運動中の水分補給を忘れずに行うことと、睡眠をしっかりとることも大切です。

疲労回復に効果の高いビタミンとして、ビタミンB群がよく知られています。ビタミンB_1、ビタミンB_2、ナイアシン、パントテン酸、ビタミンB_6、ビオチン、葉酸、ビタミンB_{12}などのビタミンB群は、糖質や脂質、たんぱく質が筋肉の中でエネルギーとして燃焼する過程で、その反応をスムーズにする働きがあります。このため、**疲労回復のために糖質を多くとる場合、合わせてビタミンB群を十分に摂取することで、より効果的・効率的に疲労から回復することができるのです。**

糖質の代謝に関わるビタミンB_1は、豚肉やソーセージ、緑黄色野菜や大豆に多く含まれます。脂質の代謝に関与するビタミンB_2は、豚・鶏・牛のレバーをはじめ、うなぎや卵、納豆などの食品に多く含まれています。

ケガをしてしまった際には、あせらずきちんと自分のからだと向き合い、回復に向けて必要な栄養素を摂取していきましょう。

栄養素を組み合わせスポーツ貧血からからだを守る

貧血のメカニズムを知る

血液中の赤血球数とヘモグロビン濃度が減少した状態が、いわゆる貧血（鉄欠乏性貧血）です。具体的には、ヘモグロビン濃度が男性で13・5〜17・5g／dL、女性では11・5〜15・0g／dL以下になる状態を貧血といいます。赤血球中に含まれるヘモグロビンは、からだの隅々にまで酸素を運ぶ働きをしていますので、これが減少して**貧血になると、体内で酸素が運ばれなくなってしまい、持久力が低下します**。その結果、運動強度の低い軽い運動でも動悸や息切れが現れたり、めまいや食欲不振などが起こります。

アスリートにみられる貧血の多くは、鉄の消耗や損失によって生じる「鉄欠乏症貧血」です。これは一般の人でも陥りやすく、アスリートの場合はスポーツ活動に伴って鉄の必要量が増えるために起こります。また、アスリートにみられる特徴的な貧血に、「希釈性貧血」があります。「希釈性貧血」はトレーニング開始早期に運動への適応として血液量が増え、一時的にヘモグロビンの値が低下することです。この場合、治療は必要ではなく、運動能力は向上します。また、ヘモグロビン値が基準の範囲を示しながら、貯蔵鉄の量を表すフェリチン値が低下した状態、つまり、潜在的な鉄欠乏状態に陥っているケースも少なくありません。

鉄の補給が大切

鉄は汗をかくことによっても失われます。**１Lの汗には平均しておよそ0・5㎎の鉄が含まれていますので、これが発汗によって失われます。**高温時の運動では短時間で数Lの汗をかくことがありますし、あるいは減量のためにサウナに入ったり、服を着込んで運動をし、大量の汗をかく場合もあるでしょう。こうした場合、汗とともに鉄を急激に失っているということを知っておきましょう。

鉄が豊富に含まれる食品として代表的なものは、卵やそば、レバー、赤身の牛肉やほうれん草などが

貧血を予防するために必要な3つの栄養素

ビタミンＣは鉄の吸収率を上げ、たんぱく質は血液の材料となります。
鉄はたんぱく質、ビタミンＣと一緒にとると効果的です。

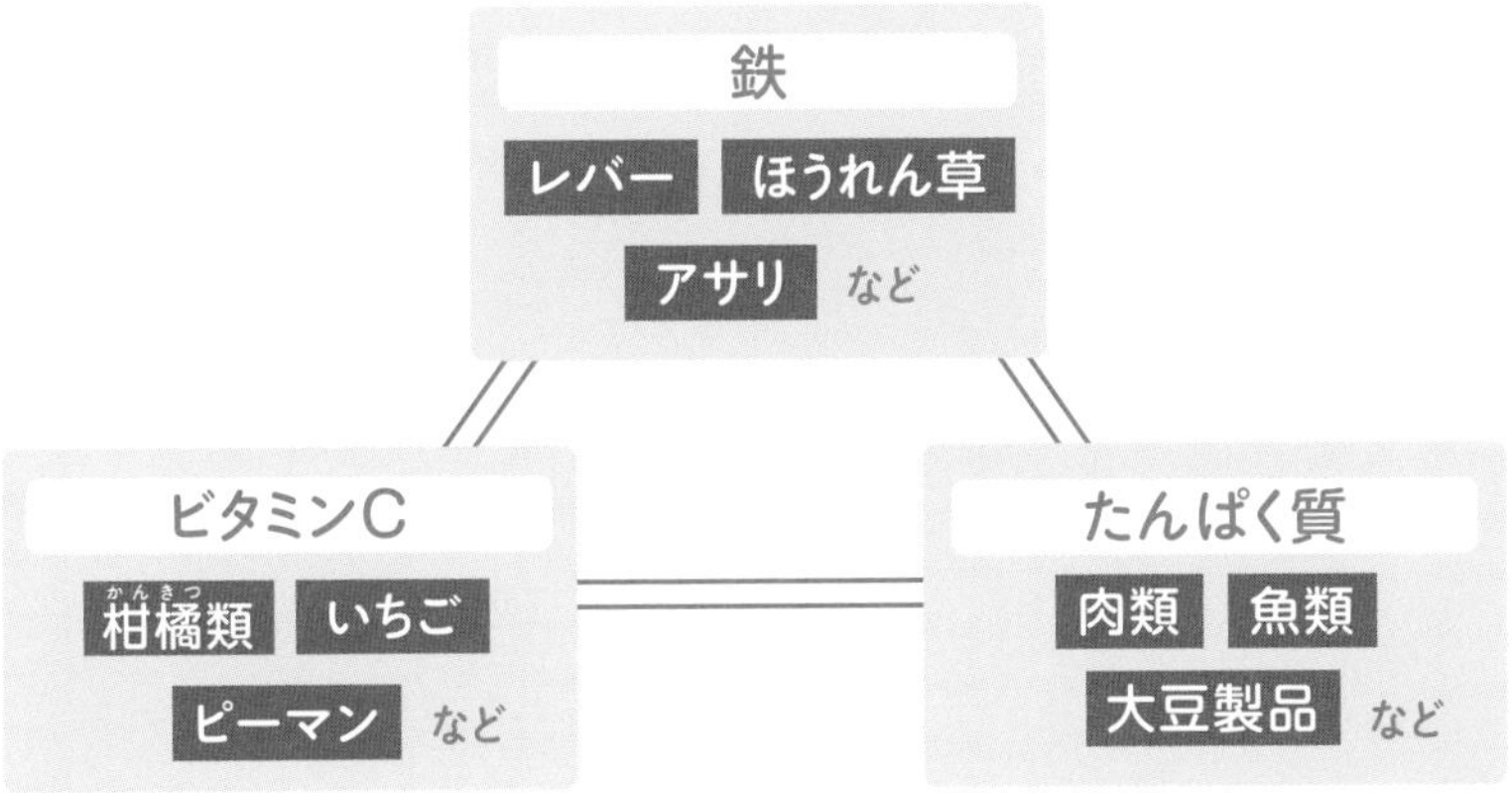

あります。また**鉄の上手なとり方で重要なのは、たんぱく質、ビタミンCとともにとることです。**ビタミンCは鉄の吸収をよくし、たんぱく質は血液の材料となりますので、これらの栄養素とともに鉄を摂取することがより効率的なのです。こうした点で、レバにら炒めは、最も典型的な鉄をバランスよくとることのできるメニューだといえるでしょう。レバーからたんぱく質と鉄を、にらやもやしなどの野菜からビタミンCをとることができます。

一方で、日本茶や紅茶、コーヒーなどに豊富に含まれるタンニンは、鉄の体内への吸収を妨げます。このため、貧血の治療中の人はこれらをとらないようにすると、さらに効果的に鉄を吸収することができます。

水分摂取で熱中症を予防する

近年、気候変動によって気温が高くなる中で、熱中症にかかる人が年々増加しています。熱中症は、暑い環境で生じるからだの障害の総称です。汗をかいているうちにめまいがしてきたり、ふらつき、筋肉痛や頭痛などが起こったりして、重症になると意識を失い、命を落とすケースもあります。熱中症は気温の高さだけではなく、湿度や風、地面からの輻射熱《ふくしゃねつ》などさまざまな要因によって起こります。熱中症の予防には水分補給を十分に行うことが重要ですが、**アスリートは運動をしない人に比べると大量の汗をかくた**

め、水分が不足する「脱水」状態になりやすく、一段と注意が必要です。

マラソンやトライアスロンなど、運動強度が高く、しかも長時間にわたる運動をする場合、あるいは真夏の炎天下で大量の汗をかく場合には、水分だけをとっていると血液中のナトリウムが減ってしまい、痙攣《けいれん》や頭痛などを起こす低ナトリウム血症になる可能性があります。

このような状態を避けるためには、**ナトリウムが含まれているスポーツドリンクや経口補水液などをとって、水分とナトリウムを同時に摂取するようにします。**

ただし、スポーツドリンクには糖質も多く含まれていることが多いので、とりすぎには注意が必要です。運動後の水分補給については44ページでも紹介しましたが、牛乳などもおすすめです。

アスリートの減量はいわゆるダイエットではない

ダイエットとの違いを知る

レスリングやボクシング、柔道、ウエイトリフティングなど、体重による階級がある競技や、からだの美しさも演技に含まれる審美種目、体重を移動させる距離が長い持久系種目などでは、減量や増量など体重のコントロールが必要になることが多くなります。減量や増量が必要な場合、一般的には普段の体重よりも軽い階級へ出場する人が多いことから、多くの人は減量することになります。

試合において最大のパフォーマンスを発揮するためには、**持久力と瞬発力を維持しながら体重だけを減らし、なおかつ総合的なからだのコンディションについても、試合時がピークになるよう調整していかなければなりません。**

ダイエットと違い、**アスリートの減量は、競技前の計量をパスし試合に勝つこと、審美系の競技であれば競技時の見た目を最適にし、ベストな演技をすることが目的**であるということです。このため、日常的に常に減量をするというものではなく、あくまでも計量時に制限体重をクリアしたり、競技時に最適なスタイルでのパフォーマンスをするために、計画されたスケジュールの中で減量に取り組みます。

競技別の減量方法とは

階級別の競技については、前日または当日の計量時に体重制限をクリアすればよいことから、比較的短期間に体重を落とす傾向があります。見た目のスタイルが重視される審美系競技での減量は、過剰な減量をしがちなので注意が必要です。長距離走など持久系競技では、体脂肪を極力減らす傾向に陥りがちですが、除脂肪量（全体重のうち、体脂肪を除いた筋肉や骨、内臓などの総量）を増やす方法を取る場合もあります。

減量に当たっての一般的な原則は、**体重の減少幅はできるだけ少なくし、十分な減量期間を設けて過激で急激な減量は慎むということです。**大幅な体重減少を目指すのであれば長

間違っている減量の方法

- **減量期間が短い**
- **目標が定まっていない**
- **朝食を抜き、昼食は少なめで、夕食では主食を食べない**
- **減量幅があまりにも大きい**
- **サラダを中心に食べるが、ドレッシングやマヨネーズをかける**

  NG! ➡ 野菜は低カロリーでも、ドレッシングやマヨネーズは脂質たっぷりなので、ノンオイルや低脂肪の商品を選ぶようにする
- **サウナに長時間入り、発汗して体重を減らす**

  NG! ➡ 血液がねばねばして循環が悪くなり、心肺機能に大きな負担をかけてしまう。息があがって苦しくなるだけでなく、命の危険にも関わるので、長時間の利用は避ける

い期間をかけて減量をすることで、アスリートのからだの安全を守ります。また、減量中は水分摂取をいつも以上に意識しましょう。

中でも、**成長期にある子どもや学生については、適切な身長や体重の増加を妨げるような過酷な減量や、それを目的とした過剰な栄養摂取の制限は絶対に避けなければなりません。**いずれにしても、成長期にあるアスリートの減量は、たとえそれが成功したとしても、さらなる成育により身長が伸びた場合など、階級や目標を変えることが必要になってきますので、そのような成長を考慮した体重コントロールの計画が必要です。

減量はトップアスリートでも難しいテーマです。体重を落とすことだけにとらわれず、スポーツを楽しみながら、あくまでも心身の健康や成育を第一に考えて計画をするよう心がけましょう。

高たんぱく・低脂肪の食品をとる

一般的なダイエットにはさまざまな方法があり、水を飲まない減量や糖質（炭水化物）を一切とらない方法など、栄養学的には間違ったこともよく行われています。しかし**アスリートの行う減量では、必要な栄養をしっかりとりながら、エネルギー摂取量を上手に減らすことが重要です。**とはいえ、ご飯をはじめとした炭水化物を減らすことは、アスリートにはおすすめできません。

また、脂質についても過剰に摂取制限をする傾向がありますが、脂質は肉や卵などたんぱく源となる主菜に多く、その摂取を避けるようになると必然的にたんぱく質の摂取も少なくなる傾向があるので注意したいところです。

アスリートの減量は、個別の栄養素の摂取を過剰に制限したり、食事全体を減らしたりするものではなく、**高たんぱく・低脂肪の食べ物を活用し、食事全体のエネルギー量をコントロールするのがポイントです。**

たとえば、同じ鶏肉100gでも、皮なしのむね肉を蒸し鶏にした場合は135kcalですが、皮付きのもも肉を唐揚げにした場合は440kcalとなります。このように**調理法を工夫するだけで、アスリートに必要なたんぱく質をしっかりととりつつ、脂質をコントロールすることで、エネルギー摂取量もコントロールすることができます。**

減量時には精神的にも追い込まれることがあります。工夫を重ねて、無理のないウェイトコントロールをしましょう。

減量期は特に脂質と糖質を意識する

減量の目的は体脂肪を減らすことです。減量中の食事では、脂質や糖質を過剰に摂取しないことがポイントになります。そのために、特に注意をしたい食品があります。

マヨネーズやドレッシングなどの調味料類に含まれる栄養素は、ほとんどが脂質です。野菜をとる際にも、調味料は使わない、またはノンオイルや低脂肪といったものを選ぶようにします。また、お菓子やアルコールは糖分を多く含む食品です。減量中は、これらの食品は絶対に避けます。

食品には、意外とカロリーが高いものがあります。減量時は、パッケージに表示されている栄養成分表などを参考にするなど、食べ物に対する意識を高く持つことが重要になります。

コツをつかんで乗り越える！意外に難しいアスリートの増量

増量は筋肉をつけることを意識する

スポーツの中でも、筋肉量が多いほうが有利な相撲やラグビー、あるいは美しく健康的な体型を維持しつつ浮力も必要となる審美系競技であるアーティスティックスイミングなどでは、体重の増量が必要になる場合があります。

また体重による階級がある競技でも、競技戦略によっては増量が求められることもあります。出る大会によっては階級が変わったりもするため、戦略としての増量が大切になります。

増量の方法として、**消費したエネルギーよりも、さらに多くのエネルギーを摂取し続ければ体重は増加していきます**。具体的には、人間が何もしなくても生きているだけで消費する「基礎代謝」、からだを動かすことによる「活動代謝」、食べることで消化や吸収により消費される「食事誘発性熱産生」、これらで消費するエネルギーよりも多いエネルギーに相当する食事をすれば、体重が増えるのです。

しかしアスリートの場合、ただ太るだけの増量では、競技でのパフォーマンスが低下してしまい、意味をなしません。このため、**体脂肪を増やすことなく、筋肉をつけることで体重を増量することが原則となります。**また専門家の研究によれば、増量するためには1日の摂取エネルギーを500～1000㎉増やす必要があるとされています。これは丼飯に換算すると1～3杯に相当します。こうしたことから、増量は意外に難しいものなのです。

ジュニア世代のアスリートでは、からだが成長期にあることとあわせ、普段から運動強度の高いスポーツをしていることが多いため、がんばって食事をとっても、成長や運動に必要なエネルギー量に摂取量が追いつかず、体脂肪はもちろん筋肉もつかず、体重が増えにくくなることがあります。加えてこの時期は内臓も発育途上にあるため、たくさん食べても内臓の消化吸収能力が対応しきれないということも覚えておきましょう。だからこそ補食が必要です。

補食のタイミングで差をつける!

増量時には、食事をとるタイミングにも工夫をするとよいでしょう。

たとえば運動をした直後と、運動終了から2時間後に食事をした場合を比較すると、運動直後に食事をしたほうがより多くの筋肉量の増加が認められたというデータがあります。

これは、食事と成長ホルモンの関係が原因になっていると考えられます。つまり、トレーニング後、すぐにたんぱく質や糖質を含む食品を補食としてとれば、同じ摂取量でも吸収率が高まるということになります。

トレーニングの後はなるべく早い段階で補食をとり、帰宅してからバランスのよい食事をするというのが、増量のための効果的な食事のとり方といえるでしょう。

たんぱく質の摂取量を把握する

アスリートのための増量では、たんぱく質と糖質の効果的な摂取により、体脂肪を増やさないようにしながら、筋肉量を増やしていきます。

まずは自分の1日の食事を確認し、エネルギーの摂取量を増やしましょう。たんぱく質の摂取量を把握し、不足しているのであれば、質のよいたんぱく質を含む食品の摂取量を増やします。具体的には、マグロやカツオなどの魚介の赤身肉、牛の赤身やヒレ肉などを積極的にとりましょう。これらは、比較的少量でも必要な栄養素を多くとることができるので、増量はもとより減量においても効果的な食品です。そのほか、卵や牛乳、乳製品や大豆製品などを使う料理を多くすることで、たんぱく質の摂取量を増やします。この際、脂質をあまり気にしすぎると、エネルギーが上がりにくいため、体重が増えにくくなります。たんぱく質を多くとっても、糖質量が少ないと本来からだの材料となるべきたんぱく質を燃やしてエネルギー源にしてしまうので、合わせて糖質もしっかりととりましょう。ご飯やパン、麺類など糖質を含む食事（主食）を十分に食べることが重要です。

増量を目指すアスリートは、必ず朝・昼・晩の3食をとり、加えて、間食でさらに栄養摂取量を増やすことが求められます。朝食を抜いてしまうと、不足したエネルギーを間食などで補わなければなりません。

しかし、1食分のエネルギーはかなりの量になるため、それを間食で取り戻すのはかなり大変です。

また、増量する際には体脂肪率や筋肉量といった体組成の変化に着目しましょう。体重が増えても、筋肉ではなく体脂肪では意味がありません。

過酷な過食や無理な多食は、かえって食欲を減退させ全身の体調を崩すことにもつながります。しっかりと食べるためには、食べる物を「おいしい」と感じなければ食べられません。こうしたことから、料理の味を工夫したり、場合によっては1日3食プラス間食というスタイルにこだわることなく、**1日のトータルで必要なエネルギー摂取量を考える必要もあります。**

体重の結果だけにとらわれることなく、増量の本来の目的である筋肉量の増加を把握しながら、摂取量をコントロールしていきましょう。

環境の変化に負けない！合宿・遠征先での食事の注意点

変化に対応するための準備をする

合宿や遠征など、普段とは異なる環境で過ごす場合、慣れない集団生活でストレスをためてしまい、体調を崩してしまうといったケースも珍しくありません。**できるだけ日常と同じような食事を摂取できるように意識していきましょう。**

ホテルや旅館に宿泊する場合、可能であれば、事前に宿泊施設に連絡を取り、食事内容について確認・相談してみるのもよいでしょう。

また、周辺環境についても知っておくとよいでしょう。いざというとき、宿泊施設の食事では補い切れなかった栄養素を補給できるような、スーパーやコンビニエンスストアがあると心強いです。

宿泊施設によってはビュッフェ形式の場合もありますし、定食の食事もあります。キッチン付きの宿泊施設で自炊をすることもあるでしょう。出発前にこれから赴く場所についての情報を仕入れておくと、事前に準備ができて安心です。

食事の「基本」で組み立てる

どんな宿泊施設であっても、食事の基本をおさえておけばまず心配はありません。**主食、主菜、副菜、果物、乳製品といった食事の基本型をそろえる**ようにし、食事によるエネルギー摂取量、栄養バランスにも注意を払います。また、自分で組み立てた食事の量が適切かどうかを把握するために、合宿時においては早朝の空腹時に体重を計っておくとよいでしょう。

合宿や遠征先での食事では、栄養バランスやエネルギー摂取量はもとより、食事の安全性が保たれているのかにも注意が必要です。特に自炊形式の宿泊施設では、衛生管理がずさんになりがちです。調理時には手洗いなど衛生管理を徹底する、新鮮で食べ慣れた食品を使う、調理したものはすぐに食べることなどを心がけましょう。さらに、海外遠征をする場合はエネルギー摂取量に対する注意が必要です。欧米圏では肉を主に食べる文化があり、日本人が同じように食事をすると脂肪過多となってしまいます。肉を食べるときは、日本にいるときと同じ量を意識して食事をしましょう。

また、最近では国内外を問わず、**標高の高い場所での高地トレーニングを行うアスリートも増えています。こうした場所では貧血や脱水のリスクが高まるため、合宿前から鉄分の多い食品を意識的にとり、水分摂取にも気を配ることが大切です。**

アスリートにとって「効果的な間食」は存在する

とり逃した栄養素を補う

間食というと、一般的にはあまりとらないほうがいいイメージがありますが、アスリートにとっては重要な食事のひとつです。運動量が多いほど3回の食事では必要なエネルギーをまかないきれないため、メインの食事に加えて、間食をとってエネルギーを補給する必要が出てきます。**間食といってもおやつのことではなく、体調を整えたりパフォーマンスを高めたりするための「補食」と捉えましょう。**そこで大事なのは、何を食べればいいのかということです。

間食には、エネルギー源となる糖質以外にも、その日の食事で不足している栄養素を補う食品を選ぶことがポイントです。

さらに、低脂肪であることも重要です。脂肪は消化に時間がかかるため、運動の前後にとる間食には向きません。脂肪は食事からとると考えましょう。通常、3回の食事でとっていれば十分足りています。

「補食」という意識を持って

補食の例を具体的にあげると、糖質源ならおにぎりや甘くないパン、ビタミンならフルーツや果汁100%のジュースなどがあげられます。乳製品やゆで卵は、たんぱく質、ビタミン、ミネラル類をバランスよく手軽にとることができます。いずれにしても、おいしさや好みだけではなく、必要なものを補給するという目的をもって選択するとよいでしょう。

特にジュニア期のアスリートは、部活の帰りに友人たちと、間食といって、ちょっと買い食いなどの誘惑にかられてしまうこともあるでしょう。しかし、おやつと間食の意味は全く違うということを知っておいてください。

間食をとるタイミングは、朝練の前や、昼食後に次の練習まで時間があるとき、練習後に夕食まで30分以上時間があるときなどです。練習前の間食は消化のいい糖質を中心にし、練習後には糖質に加えてたんぱく質をとると、トレーニングで酷使したからだをスムーズに回復できるでしょう。持ち運びに便利なエネルギーゼリーやブロックタイプの総合栄養食品なども利用して、上手に補給していきましょう。

ただし、間食はあくまでつなぎの食事ですから、食べすぎないように注意が必要です。メインとなる朝、昼、夕の食事が食べられなくなるようでは意味がなくなってしまいます。

自分のからだを客観的に見つめることで勝利につながる

コンディショニング日誌のすすめ

アスリートとしてのパフォーマンスを向上させるために、自己管理への意識も高めていきましょう。自分の行動や気持ちを管理するには、よほど強い意志を持っていないと難しいと感じるかもしれません。しかし、**何より大切なのは、自分のからだの状態を客観的に見直すことができること。**これが、自己管理のための第一歩となります。

自分の状態を知るためには、日誌をつけることをおすすめします。体重や体脂肪率、トレーニングの内容と時間などを書き起こしてみてください。こういったトレーニング日誌は、後々の振り返り記録としても有効ですし、故障や体調不良の際には原因の分析にも役立ちます。女性の場合には、月経周期をつけることで、自分の体調のサイクルを把握しやすくなります。

また、そのときに食べたいものを記述することはからだを知るためにとても有効です。人間のからだは正直にできており、不足だと感じたものを「食べたい！」と思うようにシグナルを出してきます。「なぜか食べたくなってきた」という気持ちもきちんとメモし、日々の食事日誌と照らし合わせてみましょう。きっと、その原因といま必要なものが見えてくるはずです。食事日誌については、後述（158ページ～）を参考にしてください。

外食や中食は臨時の食事

基本的には家で食事をとるようにしていても、日頃の仕事が多忙であったり、付き合いの関係上どうしても外食や中食《なかしょく》（➡できあいのものを買ってきて自宅で食べること）になってしまう場合もあるでしょう。そんなときには、トレーニングと普段の食事との折り合いを考えてメニューを選ぶようにします。**外食や中食はあくまで臨時の食事だと意識しておくことが大切です。**一般的に、外食や中食は揚げ物や肉料理が多く、脂質を多くとりすぎてしまう傾向にあります。当然ビタミンやミネラルなどが不足し、栄養のバランスが崩れてしまいます。ですから、外食、中食が続く場合には、不足する

コンディショニング日誌に必要な項目

- 体重（トレーニングの前と後で量る）
- 体脂肪率・筋肉量
- トレーニング内容と時間
- 睡眠時間
- 排尿の回数・排便の有無とその状態
- 体調
- サプリメントの使用状況
- 気候
- 反省点
- 目標
- 精神状態
- 食べたいもの

野菜や果物、乳製品を積極的にとって、補うように心がけましょう。

外食や中食であれば、一品おかずのお弁当や丼ものは避け、幕の内弁当のようにおかずの品数が豊富なものを選びます。そのうえで、不足しているビタミンやミネラルを補うために、野菜の和え物や煮物、サラダなどをプラスします。

さらに、飲みものとして100%の果汁ジュースか野菜ジュースを加えると栄養バランスが整ってきます。近頃はコンビニでも生野菜を扱っていますし、お惣菜も栄養バランスを考慮した商品が増えていますので、上手に利用するとよいでしょう。コンビニはエネルギーが高い食品に手を出しやすい環境でもありますが、意識的に栄養素を確認しましょう。

ファストフードやインスタント食品は工夫して食べる

ハンバーガーやフライドポテトなどのファストフードには、糖質と脂質、たんぱく質はありますが、ビタミンとミネラルは少ししか含まれていません。

もしハンバーガーを食べたいなら、具が揚げ物（フィッシュフライやフライドチキン）以外のもので、さらに野菜が多めのものを選びましょう。フライドポテトは小さいサイズにするか、もしサラダなどのサイドメニューがあれば追加します。また、ヨーグルトや野菜ジュースを加えるのもよいです。

カップ麺などは塩分と脂質が多く、栄養バランスがよくありません。さらに添加物としてリンが含まれています。**リンは骨を形成するうえで必要な栄養素ですが、過剰摂取はカルシウムの吸収を阻害してしまいます。**

カップ麺を食べたくなったら、袋入りのインスタントラーメンを選ぶようにし、さらに野菜や海藻などを加えることで食べごたえと栄養価をプラスすることができます。

まずは基本的な食事の見直しを最優先し、ファストフードはメニューを選び、インスタント食品は栄養価を考えた工夫をしましょう。

また、**オフ期などにおいて、普段は食べない食品を口にした際にはしっかり記録し、からだにどのような変化をもたらしたかを書きそえておくことをおすすめします。**

食事をチェックして、必要なもの・不必要なものを明確に

食事日誌のつけ方をマスター

自己管理をしていくうえで、自分の食事を客観的に分析するというのは、アスリートにとっては非常に重要なことです。次ページの食事日誌を参考に、日々の食事を記録していきましょう。**ここには基本の3食だけではなく、間食、お菓子、ジュースなど、自分が口にした食品についてすべてを記載します。**

食事日誌の一番のポイントは、自分が食べたメニューの中に「何が含まれていたか」を明確にする食品群チェックリストです。ここをチェックすることで、1日の食事内容を振り返り、自分にとって「必要なもの」と「必要でないもの」を確認することができます。

また、市販されている栄養素ガイド本を一冊購入して、どの食品にどの程度の栄養素があるのかを照らし合わせてみることで、さらに徹底した分析が可能になります。この機会に購入しておくことをおすすめします。パソコンスキルがある人ならば、表計算ソフトなどを使ってひな型をつくり、入力してもよいでしょう。**オフ期、準備期、試合期と、長期間のデータを取ることで戦略的な食事計画を立てられるはずです。**

実際に食べた食品を記載する

食事日誌

朝食 例:食パン1枚、牛乳コップ1杯、サラダ、バナナ1本

昼食 例:きのこスパゲッティ、100%オレンジジュース1杯

間食 例:おにぎり1個

夕食 例:ごはん1杯、豆腐の味噌汁1杯、マグロの照り焼き、ほうれん草のおひたし

食品群チェックリスト

しっかり食べたいもの

- □ 肉類・魚介類
- □ 乳製品
- □ 豆類
- □ 野菜類（色の濃い野菜）
- □ 果実類
- □ 穀類
- □ 野菜類（色の薄い野菜）
- □ 卵類
- □ 藻類
- □ 種実類
- □ きのこ類
- □ いも及びデンプン

とりすぎに注意したいもの

- □ 油脂類
- □ 調味料及び香辛料類
- □ 菓子類
- □ 砂糖及び甘味料
- □ 嗜《し》好《こう》飲料類

今日の反省点

その日に食べた食品に、以下のものが含まれていたかをチェックする

COLUMN

熱中症を予防しパフォーマンスを上げる身体冷却法

暑熱環境下で運動すると体温が過度に上昇し、身体機能や判断力の低下、熱中症を引き起こすこともあります。このような環境下では、身体冷却を積極的に実施することが重要です。

身体冷却は冷却方法、タイミング、冷却時間を考慮して行います。

冷却方法には外部冷却と、飲料やシャーベット状の「アイススラリー」を摂取する内部冷却があります。アイススラリーはスポーツドリンクを用いて、ミキサーなどで作ることができますが、摂取後お腹が冷え、胃腸に違和感を伴うことがあります。普段のトレーニング時から自分に合った冷却法を試し、本番に向けた準備を行うようにしましょう。

また、冷却方法とタイミングにより、冷却時間を調整することも大切です。冷却方法とその特徴(表)を理解し、的確に実施しましょう。

身体冷却方法とその特徴

冷却方法		冷却効率		実用性				簡便性	運動能力	備考
		核心	皮膚	運動前	運動中	休憩時	運動後			
外部冷却	アイスバス	◎	◎	○	ー	△	◎	△	○	冷却直後のスプリント運動や筋発揮に負の影響あり
	アイスパック	△	◎	△	△	◎	◎	◎	△	冷却効率はアイスバスの1／10程度
	クーリングベスト	△	◎	◎	○	◎	◎	◎	◎	運動中着用できるが、重量が気になる場合がある
	送風	△	○	△	ー	◎	○	○	△	霧吹き／水噴射との組み合わせ可能、屋外でも使用可能
	頭部・頸部冷却	△	◎	◎	○	◎	◎	◎	◎	運動中使用できるが、核心までは冷えないので熱中症に注意
	手掌冷却	△	○	◎	ー	◎	○	◎	○	温熱感覚に好影響、さまざまなスポーツ競技で実施可能
内部冷却	水分補給	○	△	◎	◎	◎	◎	◎	○	脱水予防やエネルギー補給が可能
	アイススラリー	◎	△	◎	△	◎	◎	◎	◎	電解質／糖質補給と冷却効果を組み合わせることができる

『スポーツ活動中の熱中症予防ガイドブック』より

Part 6

データでわかる からだをつくる 食品の栄養素

より充実した食生活の計画を立てるためには
食品に含まれる栄養素を知る必要がある。
厳選したアスリートにとって役立つ食品を紹介しよう。

5つの要素で見る食品の効果

食品がアスリートにもたらす効果を知ることができるレーダーチャートです。

効果1 パワー
筋力アップに貢献！
- たんぱく質
- ビタミンD
- カルシウム
- ビタミンB_6

効果2 コンディション
体調管理ならおまかせ！
- ミネラル
- ビタミンC
- 食物繊維
- たんぱく質

効果3 ケガ予防
じょうぶな骨をつくる！
- カルシウム
- ビタミンA、K、D、C

効果4 スタミナ
エネルギー代謝をUP！
- 炭水化物
- 鉄
- ビタミンB群

効果5 疲労回復
からだが疲れたときに！
- 炭水化物
- ビタミンB群
- ビタミンC

※グラフはそれぞれのグループ内を基準とした特徴です。

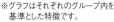

主食・主菜・副菜・乳製品・果物をそろえる

食事をするときに、「糖質を補おう」とか「たんぱく質を多くとろう」と考える人はあまりいないでしょう。それよりも、「カレーが食べたい」や「餃子もいいなぁ」など、具体的なメニューや食品を思い浮かべる人がほとんどです。栄養素の知識だけでは実際の食事に結びつけるのは難しいもの。栄養バランスのよい食事にするための考え方をお伝えしましょう。「主食」「主菜」「副菜」「乳製品」「果物」を基本に、余裕があれば「汁物」をプラスした献立を目指しましょう。それだけでも栄養バランスが整っていきます。

緑黄色野菜と
淡色野菜で
1品ずつつくると
栄養バランスが
よいです。
ヨーグルト
ヨーグルトは
無脂肪やプレーンの
ものがよく、減量時には
カッテージチーズが
脂質少なめで
おすすめです。

副菜

野菜やいも、きのこ類や海藻類

副菜は主にビタミンやミネラル、食物繊維などの供給源になる食品のことです。野菜やいも、きのこ類や海藻を使った料理です。野菜サラダや酢の物、おひたしや、筑前煮や、きんぴらごぼうなどが副菜の定番メニューです。

乳製品

牛乳、チーズ、ヨーグルト

骨格をつくるカルシウムとたんぱく質を摂取するためには乳製品がおすすめです。カルシウムは神経の刺激の伝達や筋肉の収縮に必要不可欠な栄養素です。運動量の多いアスリートならば、1日のうちに3回は乳製品をとりましょう。

汁物

塩分や水分の補給と野菜の摂取

汁物はアスリートに欠かせない水分補給の役割を果たしてくれます。また、足りていない栄養素を補充したり、増量中の選手はうどんやおもちを入れるなど、具に工夫をすることも可能です。メニューとしては調理も手間がかからない、お味噌汁が代表といえます。

献立のポイント

食事のメニューを立てるとき、最初に主菜となるメインのおかずを決めるとスムーズです。そして、メインを中心に足りていない栄養素を考えて、「食事の基本型」を組み立てていきます。メインのおかずを自分が食べたいメニューにすると、献立を考えるのが楽しくなります。

栄養バランスが整った食事の基本型

主菜

肉や魚や卵など、メインのおかず

主菜はたんぱく質や脂質を中心にした栄養素を持つ食品群のことです。肉、魚介を中心に、卵や大豆加工品なども含まれます。献立の主役となり、ボリュームのあるおかずになることが多いので、脂肪と油に注意しましょう。

果物

柑橘類《かんきつるい》やいちご、りんごなどの果物類

果物はビタミンやミネラルの供給源となるだけでなく、ほかの栄養素の吸収を助けるなど相互に作用してからだを健康な状態に保ってくれます。また疲労回復に役立つので、練習で疲れたアスリートにとっては強い味方です。

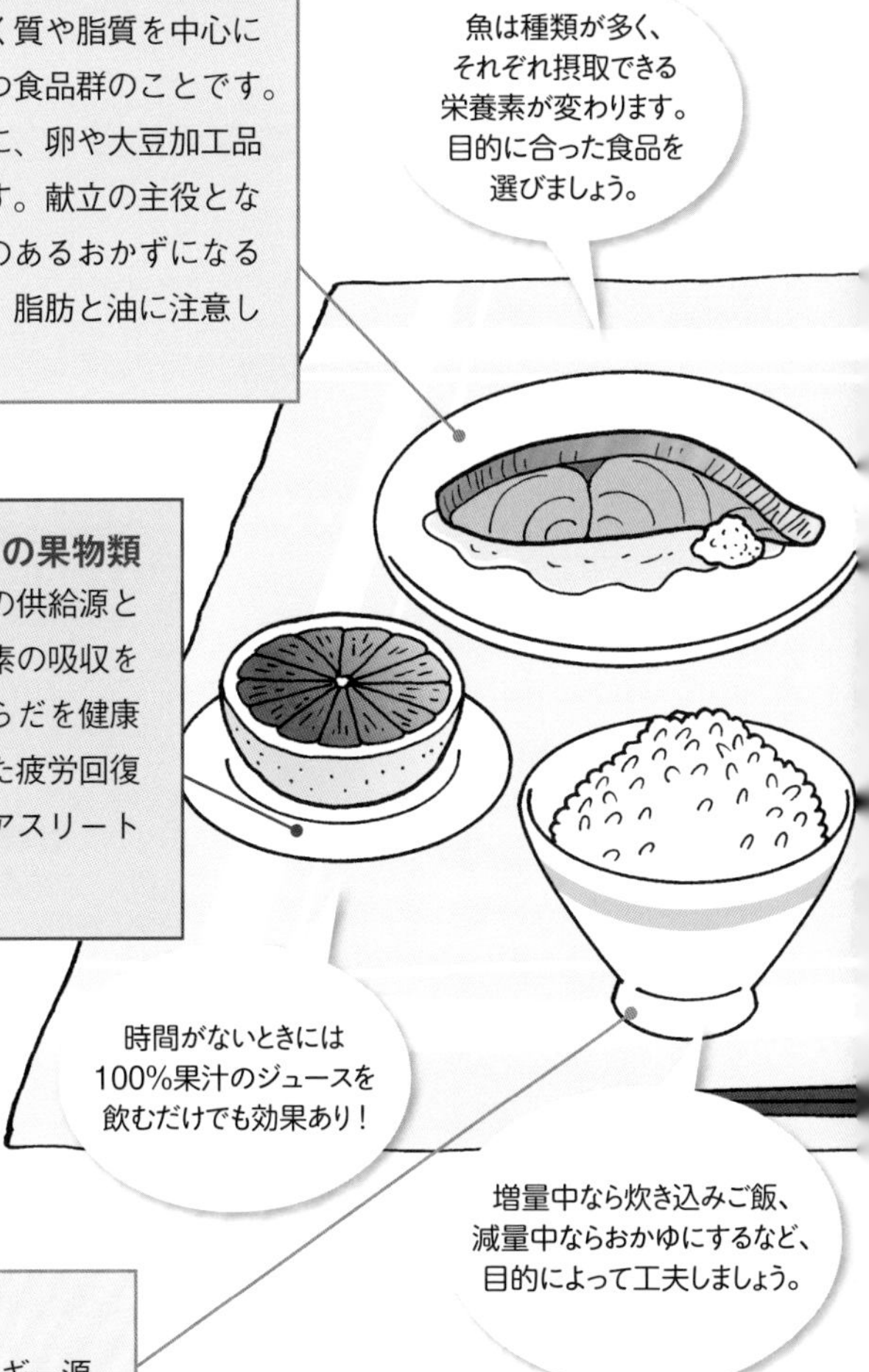
魚は種類が多く、
それぞれ摂取できる
栄養素が変わります。
目的に合った食品を
選びましょう。
時間がないときには
100%果汁のジュースを
飲むだけでも効果あり！
増量中なら炊き込みご飯、
減量中ならおかゆにするなど、
目的によって工夫しましょう。

主食

ご飯やパン、麺類など

主食は炭水化物を含んだエネルギー源となるもので、ご飯やパン、パスタやそばなどです。食事の基本型をそろえる上でもっとも多くとってほしい食品であり、アスリートであれば欠かしてはならないものです。

応用のコツ

メインとなる主菜や副菜は、食品をその日ごとに変化させることで飽きのこない献立にできます。魚であれば、種類を変えるだけでも摂取できる栄養が違ってきます。調理方法も煮物→揚げ物→焼きもの→のように変化をつけることで、料理の幅が広がります。野菜であれば旬のものを使うようにすると、四季の移り変わりを楽しめます。

主食 データでわかる ご飯、パン、麺類

主食はアスリートにとってなくてはならないエネルギー源となる炭水化物を多く含みます。お米やパン、うどんやそば、パスタなどがあり、アスリートの食事の中心といえるでしょう。

糖質以外にとれる主な栄養素がわかるマークつき！

+たんぱく質　+ビタミンB群　+ビタミンB_1　+ミネラル　+食物繊維

精白米

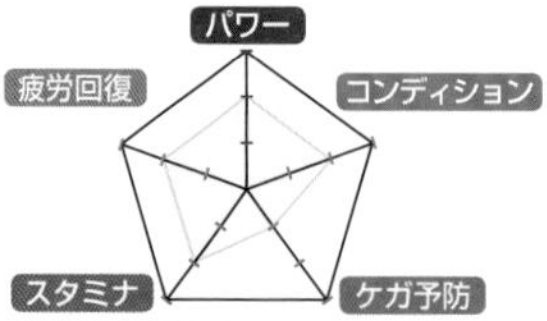

食べコツ

アスリートには精白米を蒸してつくったおもちがおすすめです。糖質が多くコンパクトなので、持ち運びにも便利で補食として優秀です。

日本人の食事の主役

精白米とは、玄米からぬか層と胚芽部を除いて胚乳だけにしたものです。主な主成分はでんぷんで、消化しやすく食感がよいことが特徴です。精白米は玄米よりもGI値が高いので、早く疲労から回復したいときは白いご飯がおすすめです。おにぎりなどにして携帯するのもよいでしょう。

玄米

+ビタミンB群　+ミネラル　+食物繊維

ビタミン豊富な健康食品

玄米は精白米に比べて**食物繊維**や**ビタミンB群**、**鉄**などが豊富です。ビタミンB群は、アスリートに大切な糖質の代謝を促し、エネルギー補給の効率をあげてくれます。

また、水溶性と不溶性両方の食物繊維が含まれているので、腸内をバランスよく整えてくれます。

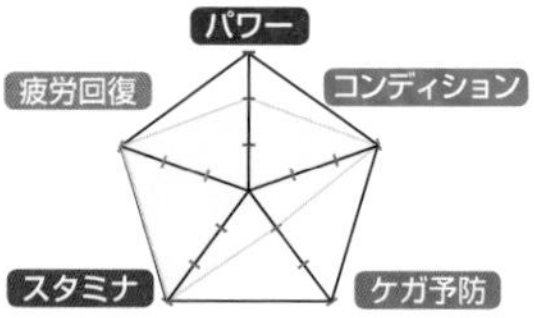

食べコツ

ビタミンB_1を含んだゴマと組み合わせることで、疲労回復効果が上がります。ふりかけの代わりにゴマを使うと塩分も抑えられて一石二鳥。

パン

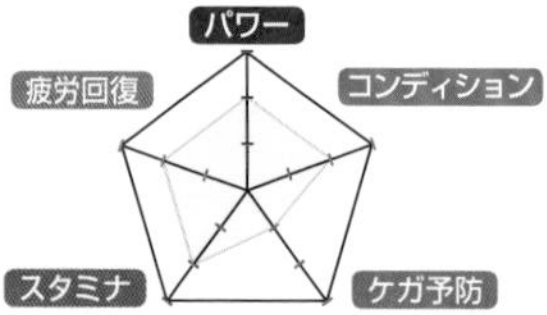

食べコツ

白パンを食べるとき、バターやマーガリンなどをつけるとGI値が下がります。試合のときはジャムやハチミツをプラスして糖質アップ。

種類によって変化する栄養素

パンは小麦粉に酵母菌を加えてつくられるため、炭水化物だけでなく**たんぱく質**も含まれています。白パンはGI値が高いので試合前のエネルギー源としておすすめです。胚芽パンなど茶色いパンは**ビタミン**や**食物繊維**が豊富なので、ふだんのコンディションを整えてくれます。

+食物繊維　+たんぱく質

そば

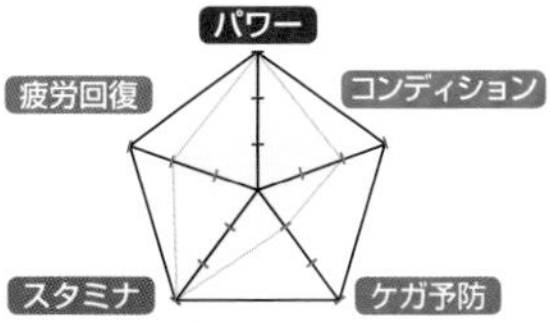

食べコツ

そばのゆで汁はそば粉が水に溶けだしているため、抗酸化作用に優れたルチンの宝庫です。ゆで汁はそば湯として飲むとよいでしょう。

栄養価の高いたんぱく質を含む

そばには**たんぱく質**が多く、良質なアミノ酸を含むので、とても栄養価が高い食品です。さらに、**鉄**の含有量も高いのでスタミナアップに効果的です。スポーツ貧血を防ぐための主食に向いているでしょう。また、糖質の代謝を促す**ビタミン**B_1や、高血圧を予防する**ルチン**も豊富なのが特徴です。

+たんぱく質
+ミネラル
+ビタミンB_1

うどん

+たんぱく質

胃腸にやさしいエネルギー源

うどんにはでんぷんと**たんぱく質**が豊富に含まれています。

また、消化が速いのが特徴で、食べてすぐエネルギーとなってくれるため、アスリートの食事に向いている食品です。ハードトレーニングで食欲が出ないときや、風邪をひいてしまったときなどでも、食べやすい点がメリットです。

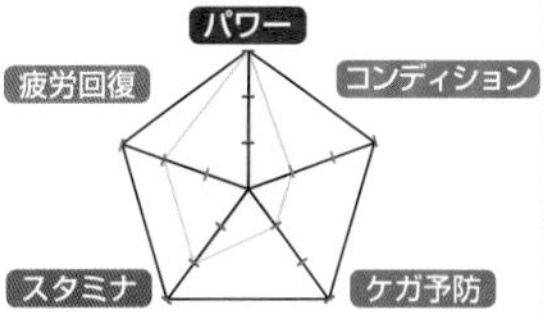

食べコツ

増量中なら具におもち、減量中なら野菜たっぷりにするなど、うどんの具は調整自在です。目的に合わせて工夫してみましょう。

パスタ

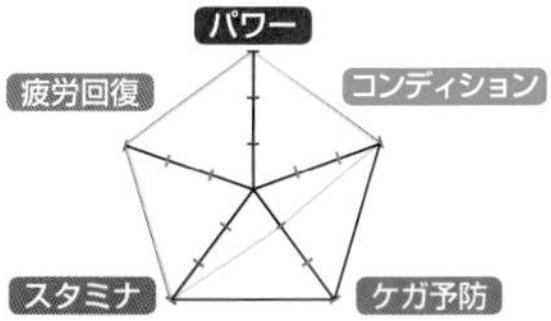

食べコツ

パスタには、白米より食物繊維が多く含まれているので、減量中の選手や、腸の調子を整えたいときなどにおすすめです。

バランスのとれた有能食品

パスタは**炭水化物**、**たんぱく質**、**脂質**の栄養バランスがよく、**ビタミンB群**が豊富なことが特徴です。また、種類も数多くあるため、調理のバリエーションを増やしてくれます。サラダやおかずにアレンジすることもできる便利食品です。試合前など糖質を蓄えたいときは積極的に取り入れましょう。

+たんぱく質
+ビタミンB群

シリアル

+ミネラル
+食物繊維

いつでもどこでも持ち運べる

糖質のほかに**ビタミン**、**ミネラル**、**食物繊維**などの栄養バランスが整えられた携帯食品です。

手軽に持ち歩けて、いつでも補食として摂取できることが最大のメリット。海外遠征時や合宿時などに活用するとよいでしょう。連戦の合間にもエネルギー補給ができます。

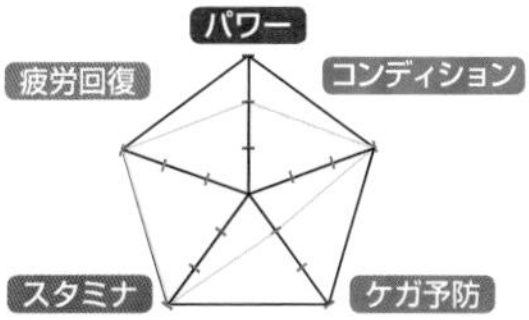

食べコツ

携帯できないタイプのシリアルでも栄養価は同じです。時間がなくて朝食が食べられないときは、シリアルと牛乳だけでも大丈夫です。

主菜

データでわかる

肉、魚、卵、大豆など

主菜はたんぱく質や脂質、鉄の供給源。肉、魚、大豆製品、卵などが主な食品にあたります。食事の中でメインのおかずとなることが多く、アスリートのからだづくりの基本となります。

たんぱく質以外にとれる主な栄養素がわかるマークつき!

+ビタミンA　+ビタミンB1　+ビタミンB2　+ビタミンB6　+ビタミンB12　+ビタミンD　+ビタミンE　+脂質　+ミネラル

牛肉

+ミネラル

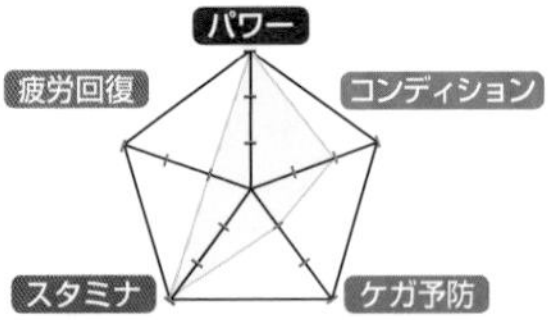

食べコツ

牛肉の脂身は、コレステロール値が高いので注意が必要です。できるだけ脂肪が少ないヒレやももを使ったメニューがよいでしょう。

たんぱく質と鉄でパワー向上

牛肉には良質な**たんぱく質**と**鉄**が豊富に含まれています。特に鉄は豚肉に比べて含有量が多く、貧血予防に効果的です。また、たんぱく質はアスリートに欠かせない筋力アップに貢献してくれます。

さらに、人が体内で合成することのできない**必須アミノ酸**のバランスにも優れています。

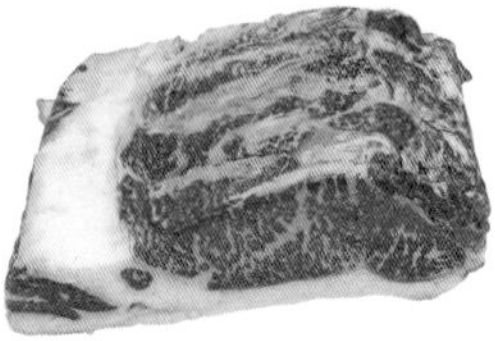

豚肉

+ビタミンB1

疲労回復するビタミンB1が豊富

豚肉には、糖質の代謝や神経の働きに関与する**ビタミンB群**が多く含まれています。その量は牛肉の約10倍になり、疲労回復に効果的です。

また、レバーには良質な**たんぱく質**だけでなく、鉄や**ビタミンA**である**レチノール**も多く含まれています。

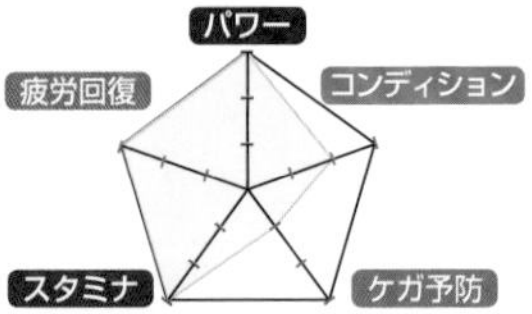

食べコツ

にんにくやにらなどと組み合わせると、ビタミンB1の吸収率が高まります。脂肪が多い部位は一度ゆでるとヘルシーになります。

鶏肉

+ビタミンA

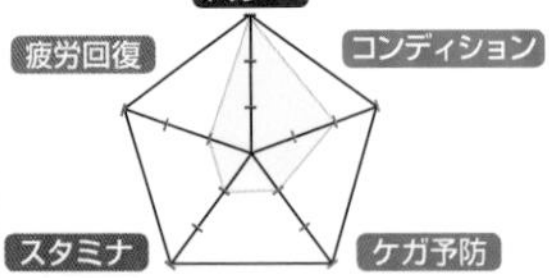

食べコツ

鶏のレバーには鉄やビタミンが豊富に含まれています。貧血予防に効果的なので、レバーを使ってレパートリーを増やしましょう。

減量時のたんぱく源として優秀

皮以外の部位は低カロリーで、脂質が少ないのが特徴です。減量中のアスリートは積極的に使いたい食品といえます。

また、**必須アミノ酸**のバランスもよいので、体力の回復にも適しています。**ビタミンA**である**レチノール**も豊富なので、ケガ予防や風邪予防にも効果があります。

羊肉

+ミネラル

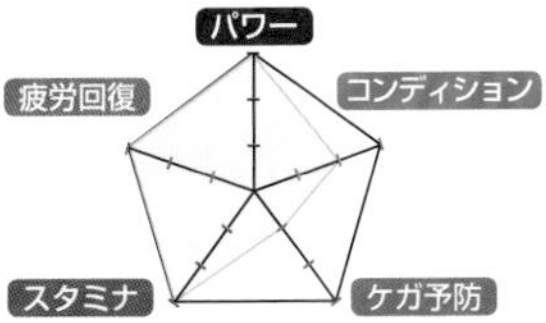

食べコツ

ビタミンCが豊富な食品と一緒に摂取すると、貧血予防効果がさらにアップします。羊肉と相性がいいトマトと合わせるのがおすすめ。

鉄分豊富で低脂質

脂質が少なめで、**鉄**が豊富に含まれているため貧血予防に効果的です。

肉がやわらかく、消化にも優れているので、内臓が疲れているときには強い味方となります。

特にレッグはあっさりとした赤身の肉なので、脂質を控えたいアスリートにおすすめです。

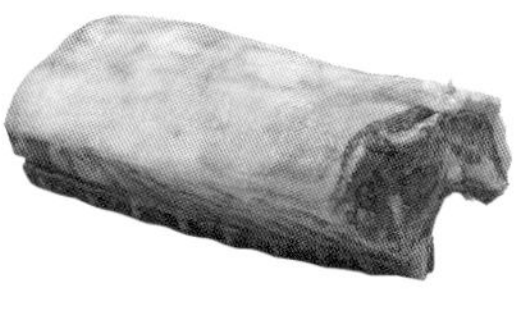

豚肉加工品

+ビタミンB1

おいしく手間いらずな食品

長期保存がきいて、豚肉に多い**ビタミンB1**を手軽に摂取できるところがポイントです。また、そのまま食べることもできるので、手間をかけずにたんぱく質を摂取することができます。

食品を選ぶにあたり、白い部分が多いものは脂肪分が多いということも覚えておくとよいでしょう。

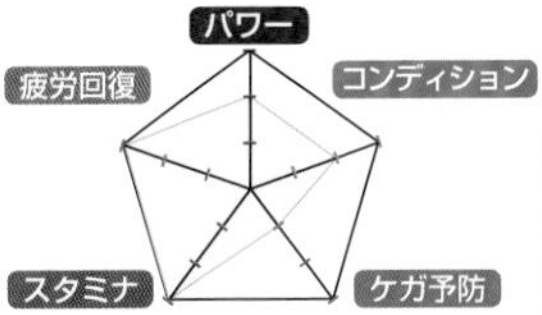

食べコツ

副菜にたんぱく源としてプラスできるのが利点。ベーコンをスープのダシとして使用すると、調味料の塩分を抑えられます。

鶏卵

+ミネラル　+ビタミンA　+ビタミンE

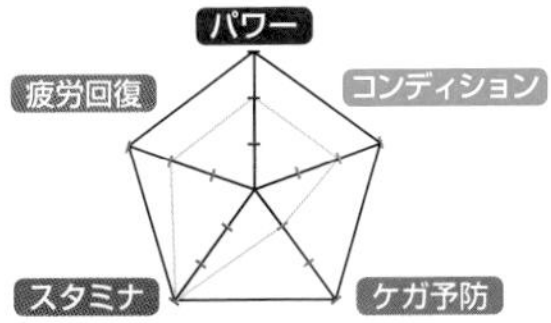

食べコツ

1個あたりのたんぱく質量が少ないので、たんぱく質を多くとりたいときは納豆と合わせたり、ハムと一緒にサラダに入れるなど工夫して。

使い勝手に優れた栄養食品

鶏卵は栄養バランスが優秀な食品です。主成分である**たんぱく質**はもちろん、**ミネラル**も豊富なため、からだを健康な状態に整えてくれます。

単品としてだけでなく、炒め物や汁物と調理の相性がよく、食品としての使い勝手も優れています。1日1個を目安に摂取しましょう。

大豆

+ミネラル　+ビタミンB1

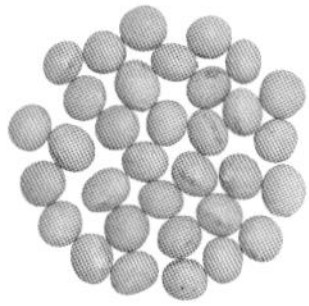

良質なたんぱく源

「畑の肉」とよばれる大豆には牛肉や豚肉に匹敵するほどの良質なたんぱく質が含まれています。

なおかつ、脂質はほとんど含まれていないので、低脂質、高たんぱくでアスリートにはうってつけの食品です。その他、**カルシウム**、**鉄**、**ビタミンB1**、**カリウム**も豊富な優れものです。

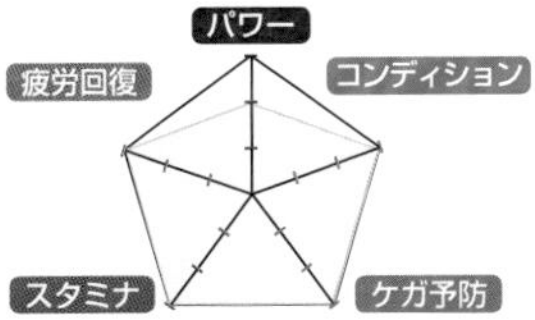

食べコツ

大豆とならんでアスリートにおすすめなのは小豆です。チューブ入りのあんこなどは持ち運びもできるため、補食としても使えます。

アジ

集中力を高めてくれる青魚

アジの脂肪には脳を活性化させる作用を持つ**DHA**が含まれています。試合での集中力を高めてくれるでしょう。**DHA**には血行をよくする効果もあり、健康を保てます。

ほかにも、からだの成長と細胞の再生を促進する良質な**たんぱく質**が豊富です。

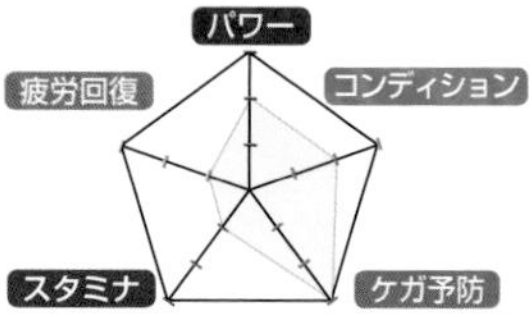

食べコツ

骨にはカルシウムが豊富に含まれているので、身を食べ終わったあとに揚げ焼きにして骨せんべいなどにするのもおすすめです。

イワシ

+ビタミンB2　+ビタミンB12　+ミネラル

たっぷりカルシウムでケガ予防

イワシの脂には脳の活性化に効果的な**DHA**が含まれています。頭脳戦が求められる競技の選手は、積極的にとりたい食品です。また、細胞の再生を促進してくれる**ビタミンB2**や、**カルシウム**、神経細胞の機能を維持してくれる**ビタミンB12**が豊富に含まれていることも特徴です。

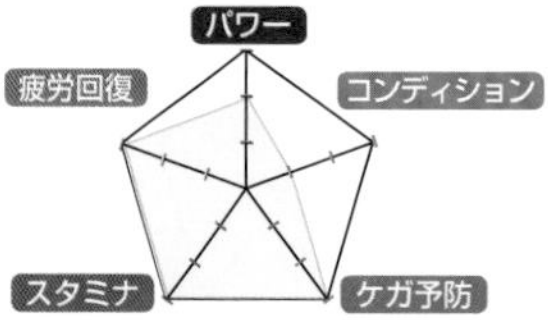

食べコツ

イワシを丸ごとフードプロセッサーにかけたり、骨も一緒につみれにすると、余すところなくカルシウムを摂取することができます。

サバ

+ビタミンB6　+ビタミンD　+ビタミンB12

ビタミンB6・B12が豊富

サバにはたんぱく質の代謝をサポートする**ビタミンB6**が豊富に含まれています。さらに、**ビタミンB12**や血合いの部分には**タウリン**や鉄が豊富で、貧血予防にも役立ってくれる食品です。

また、骨の代謝を促す**ビタミンD**も含まれているので、**カルシウム**の吸収率をあげてくれます。

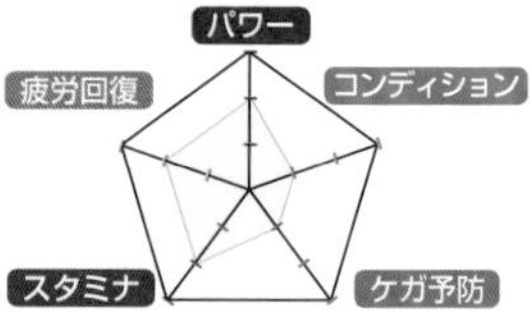

食べコツ

サバに含まれるビタミンEには強い抗酸化作用があり、活性酸素によって細胞が傷つくことを防いでくれます。

カツオ

+ミネラル　+ビタミンB1

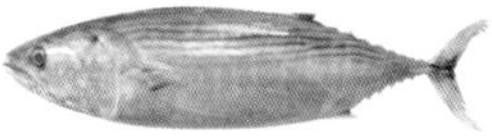

鉄が豊富に含まれる赤身の魚

カツオは**鉄**を多く含んだ魚で、貧血予防効果に大きな期待ができます。特に血合い部分に豊富に含まれているので、調理の際には部位を意識するとよいでしょう。

また、疲労回復に役立つ**ビタミンB1**や、脳を活性化する**DHA**なども含みます。疲れたからだと頭の栄養補給におすすめです。

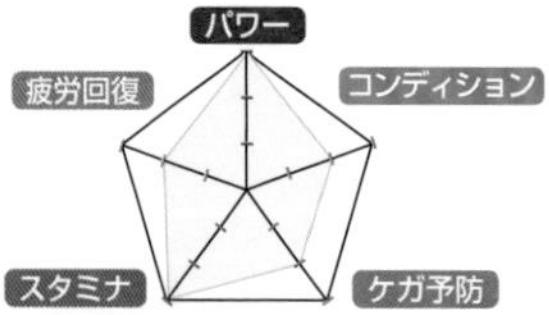

食べコツ

カツオの旬は年に2回あり、秋の「戻りガツオ」には脂質が多く含まれています。増量時など良質な脂質を摂取したいときにおすすめです。

ニシン

+ビタミンD　+ビタミンB12

鉄とビタミンB12で貧血予防

ニシンには鉄、**ビタミンB12**が多く含まれているので、スタミナアップや貧血予防に効果的な食品です。また、骨代謝を促進してくれる**ビタミンD**も豊富なので、ケガ予防にも役立ってくれるでしょう。

他の魚に比べると脂質が多いので、カロリー高めとなっています。

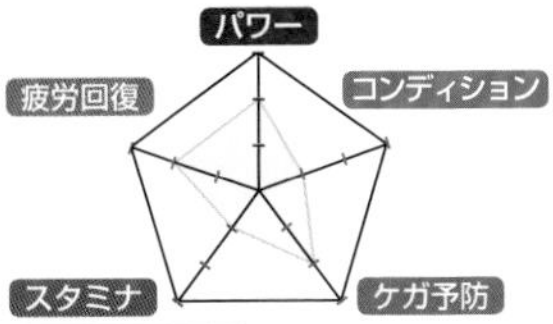

食べコツ

ニシンは主に身欠きニシンなどの干物やくん製に加工されます。ちなみに、ニシンの卵巣を塩漬けしたかずのこはたんぱく質の宝庫です。

ヒラメ

+ビタミンD

アミノ酸とコラーゲンが豊富

ヒラメは**アミノ酸**と**コラーゲン**が豊富に含まれていることが特徴です。

また、筋力を維持し高める働きを持つ**ビタミンD**も多いので、骨折を予防してくれるでしょう。

ヒレ部分にはコンドロイチンが多く含まれているため、細胞に保水力や弾力性を与えてくれます。

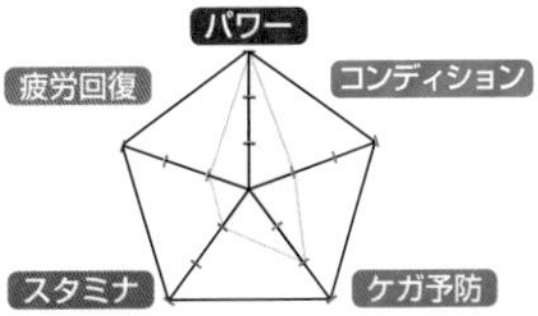

食べコツ

低脂質でさっぱりとしているため、減量中のアスリートや脂質を控えている選手に向いています。刺身や煮付けがおすすめ。

タチウオ

+脂質

DHAとビタミンDが豊富

タチウオは白身の魚ですが、脂質の含有量が100g中20.9gと多く、血流を促す**DHA**が豊富に含まれています。

また、ビタミンDも多く含まれているので、カルシウムの吸収率を高めてくれるほか、筋たんぱく質合成を促進する効果も期待できます。

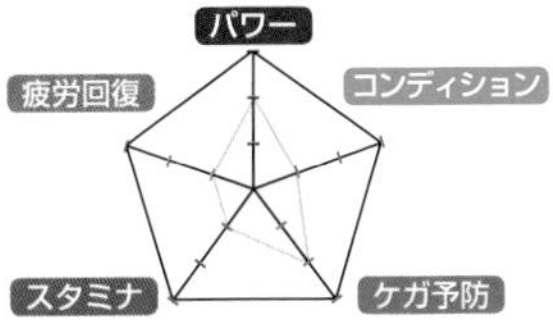

食べコツ

タチウオは夏から秋にかけて旬を迎えます。新鮮なものであれば、刺身がおすすめですが、煮付けや塩焼き、天ぷらでもおいしくいただけます。

サケ

+ビタミンD

1切れに1日分のビタミンD

サケにはカルシウムの吸収を助ける**ビタミンD**が豊富に含まれています。切り身を1切れ食べれば1日分のビタミンDの所要量をクリアできます。

また、サケの皮にはビタミン類やコラーゲン、**DHA**、**EPA**が多く含まれます。残さず食べるとサケの栄養を丸ごといただけます。

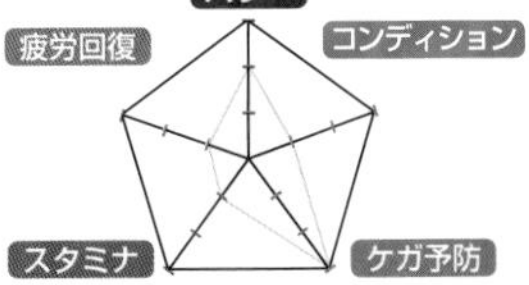

食べコツ

ビタミンDが豊富なので、ミルク鍋や、チーズをのせて焼くなど、乳製品と合わせて食べることでカルシウムの吸収を助けてくれます。

ブリ

+ビタミンE

+脂質

良質なたんぱく質が豊富

ブリには**たんぱく質**、**脂質**が豊富に含まれているため、パワーや筋力向上を目的としているアスリートにおすすめの食品です。

ビタミンEも多く、脂質の酸化を防ぐ役割も持ちます。刺身や煮付け、照り焼きなどでも食べられるので、料理のバリエーションが広がります。

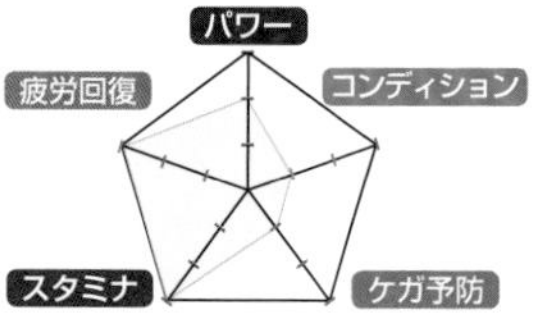

食べコツ

煮付けのときはしょうがを加えると風邪予防に効果的です。また、栄養が溶けだした煮汁は、最後まで食べきるようにしましょう。

マグロ

+ビタミンB6

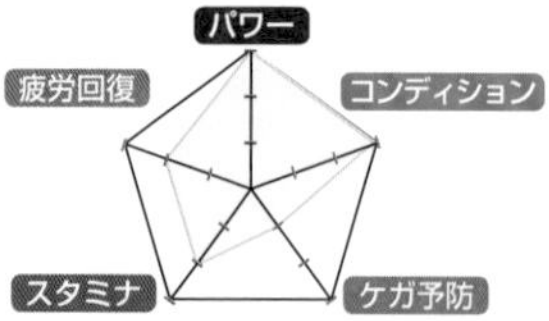

食べコツ

減量中のアスリートには脂肪分の少ない赤身がおすすめです。ツナ缶を上手に活用すると、マグロの持つ栄養素を手軽に摂取できます。

群を抜いたDHAで集中力向上

マグロは必須脂肪酸である**DHA**の含有量が魚介類の中で断トツに高いです。DHAは脳内での情報伝達をスムーズにしてくれますので、いざというときの判断力を高める効果も期待できます。

また、たんぱく質が合成されるときに働く**ビタミンB6**が豊富なので、筋肉増強にも役立ちます。

シシャモ

+ミネラル

カルシウムが骨を元気に

シシャモには成長期に欠かせない**カルシウム**がたっぷりと含まれています。

お腹に卵が詰まった子持ちのメスはもちろん、肉厚なオスも頭からまるごと食べられます。魚が苦手な人でも食べやすく、ジュニア期のアスリートにとっては、うってつけの食品でしょう。

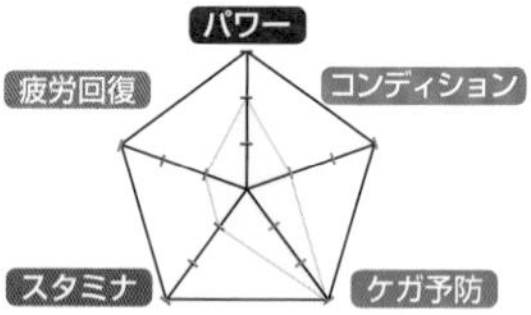

食べコツ

あぶり焼きにはお酒を少しふっておくと水分が保てるうえに風味もよいです。ビタミンCが豊富なレモンをしぼるとカルシウムの吸収率アップ。

カマス

+ビタミンD

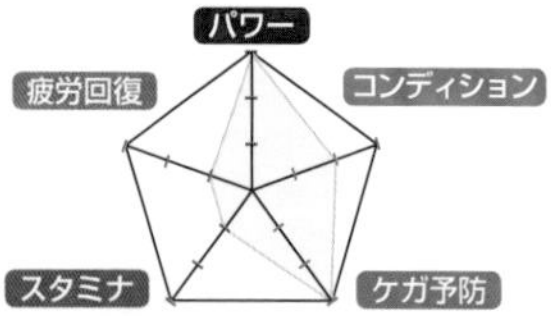

食べコツ

カマスは水分が多いため、刺身や煮付けには不向きです。水分が減り、栄養素が凝縮された干物は手軽に食べられるのでおすすめです。

脂質の少ない白身が魅力

カマスは脂質が少なく**たんぱく質**が豊富な白身魚です。

また、ビタミンや**ミネラル**も各種含まれていて、特にカルシウムの吸収を助ける**ビタミンD**をしっかり摂取できます。

骨の強化に役立ってくれるので、丈夫な骨格をつくりたいアスリートにおすすめな食品です。

サンマ

＋脂質　＋ビタミンB_{12}

旬の時期は良質な脂質の宝庫

サンマの血合いには貧血予防に効果的な**ビタミンB_{12}**が豊富に含まれています。また、たんぱく質の代謝を助ける**ビタミンB_6**が多いことも特徴です。

さらに、サンマの**脂質**には良質な**不飽和脂肪酸**が多く含まれており、判断力の向上や記憶力の保持に役立ちます。

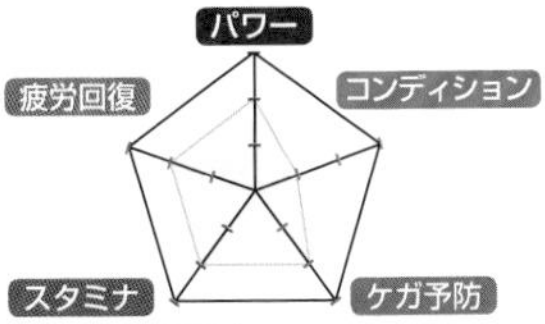

食べコツ

焼いたサンマには大根おろしをそえると、でんぷん消化酵素が消化を促進し、胸焼けや胃もたれなどを防いでくれます。

ホッケ

＋ビタミンA

カルシウム豊富な白身魚

主に北海道で水揚げされ、鮮度が落ちやすいため、干物で出回ることの多い魚です。骨を外して食べる魚の中では、**カルシウム**の含有量がとても多く、丈夫な骨をつくるのに役立ちます。

また、白身魚の中では**EPA**、**DHA**が豊富で、中性脂肪を減らす効果が期待できます。

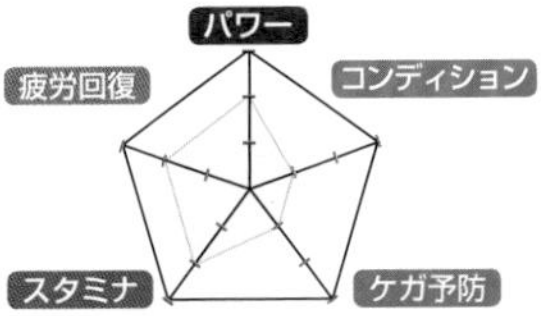

食べコツ

ビタミンCが豊富なレモンをかけて食べると、カルシウムの吸収率がアップ。ストレス緩和にも一役買ってくれます。

タラ

脂質少なめでヘルシー

タラには良質な**たんぱく質**が含まれ、低カロリーです。身はほぐれやすく、加熱してもやわらかく、消化しやすいのが特徴。

脂質が少なくヘルシーなので、減量中のアスリートは積極的に摂取してほしい食品です。また、野菜たっぷりの鍋料理でいただくと風邪の予防にも役立ちます。

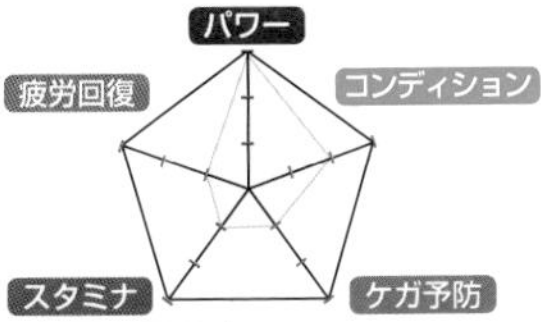

食べコツ

冬は鍋に入れるとダシもとれて一石二鳥です。また、タラの卵巣・精巣であるタラコやシラコは栄養価が高く、あと一品におすすめです。

ウナギ

＋ビタミンA

疲労回復と体力増強に効果あり

ビタミン群が豊富なウナギは疲労回復に役立ちます。食欲増進にも絶大な効果がありますので、トレーニングが重なり疲れているときにおすすめです。

特に**ビタミンA**であるレチノールは、風邪の予防に役立ちます。からだを健康な状態に維持してくれる食品です。

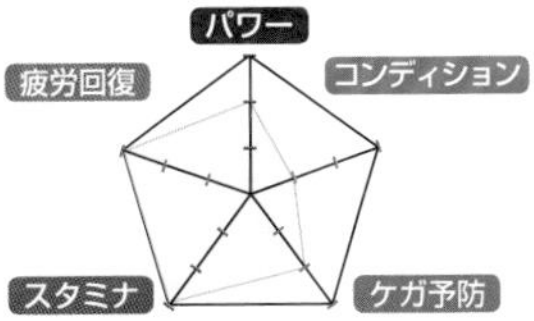

食べコツ

ウナギの肝には身より多くのレチノールが含まれています。かば焼きを食べる際には、肝吸いも一緒に食べるとよいでしょう。

イカ

アスリートとの相性は抜群

イカは高たんぱく質で低脂肪、低カロリーな食品です。減量中の選手に限らず、アスリートとの相性は抜群といえるでしょう。体脂肪の増加が気になるときには重宝します。

また、疲労回復に効果のある**タウリン**も含まれているので、練習後のメニューにおすすめです。

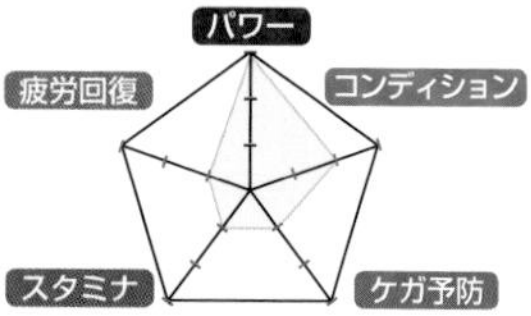

食べコツ

イカの身に縦横方向で切れ目を入れておくと加熱しても身が丸まりません。タウリンが豊富なイカワタはソースにして利用しましょう。

エビ

+ビタミンE　+ミネラル

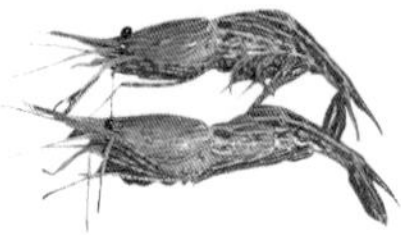

カルシウムやビタミンぎっしり

エビには良質な**たんぱく質**とともに**カルシウム**がたっぷり含まれています。ケガに強いからだをつくってくれるでしょう。また、ワタの部分には**ビタミンE**や**ミネラル**も豊富です。身でたんぱく質、殻でカルシウム、ワタでビタミン・ミネラルと、栄養バランスのよい食品です。

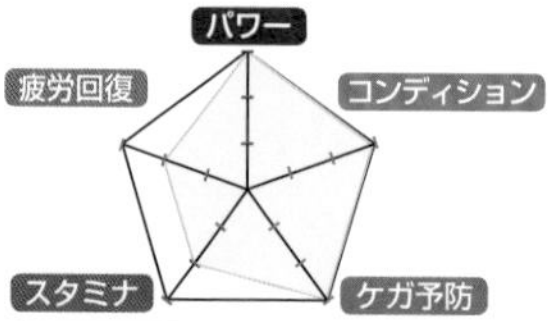

食べコツ

エビの頭は味噌汁に入れて再利用しましょう。ダシになり、ワタまで食べられます。よく焼くことで殻も食べられます。

カニ

+ビタミンB_1　+ミネラル

スタミナアップに効果テキメン

カニにはビタミンB群が豊富に含まれているため、スタミナアップに効果的です。

中でも、糖質の代謝に関わる**ビタミンB_1**を多く含んでいるため、炭水化物と一緒に食べるとエネルギー補給に役立ちます。消化器内でコレステロールの吸収を抑える**タウリン**も多く含まれています。

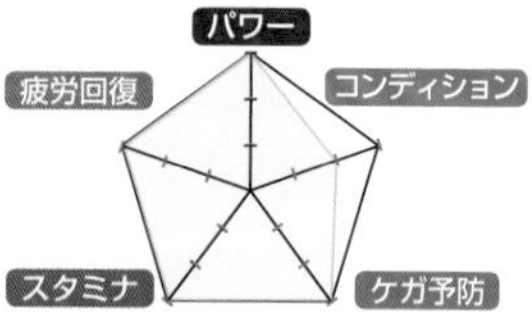

食べコツ

カニは脂肪が少なく低カロリーなので、減量中のアスリートにもおすすめ。毛ガニはみそも美味。脂肪を燃焼させるグリコーゲンが豊富です。

ウニ

+ビタミンA

ビタミンAが風邪を予防

ウニは「海のホルモン」とよばれ、**ビタミンA**が豊富に含まれた食品です。風邪の予防に役立つでしょう。

また、ウニのうま味には**グリシン**、**メチオニン**、**バリン**などの**アミノ酸**が関与していますので、不足しがちなアミノ酸を補ってくれます。

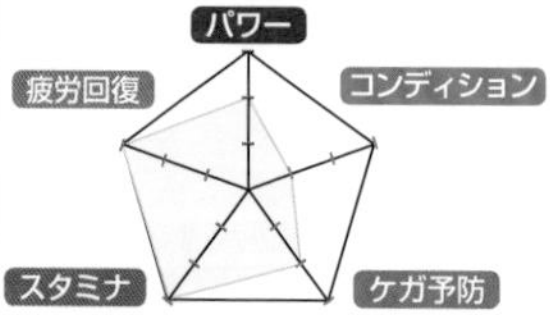

食べコツ

殻の中の身の色が黒味がかっているウニは鮮度が落ち酸化しはじめています。味噌仕立てにするとアミノ酸が増え、栄養価もアップします。

カキ

+ミネラル

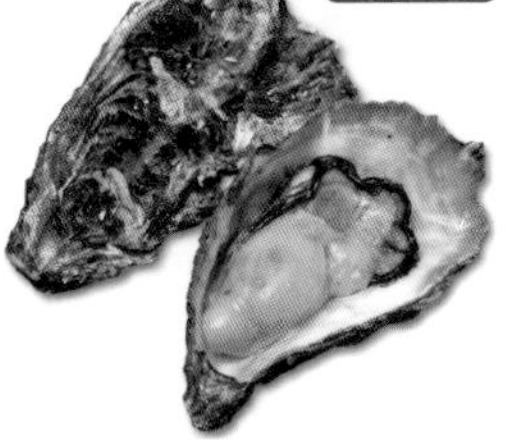

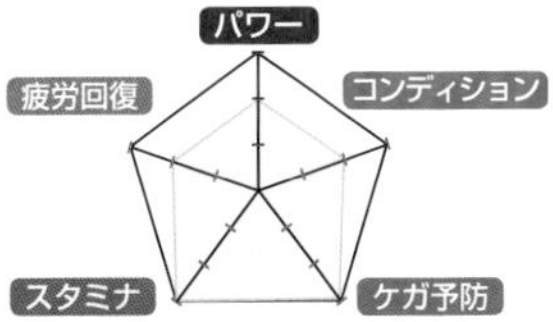

亜鉛が豊富なアスリートの味方

「海のミルク」とよばれるカキは**ミネラル**の宝庫です。成長に欠かせない**銅**や**鉄**、**亜鉛**、**マンガン**など、あらゆるミネラルが豊富に含まれた食品です。

カキに含まれる**アミノ酸**の一種、**タウリン**にはコレステロールを減少させる効果もあり、脂質のコントロールにも役立ちます。

食べコツ

ビタミンCを含んだレモンや玉ねぎと組み合わせると、鉄の吸収率を高めてくれます。貧血予防効果があるので、女性アスリートにおすすめ。

ホタテ

+ビタミンB12 +ミネラル

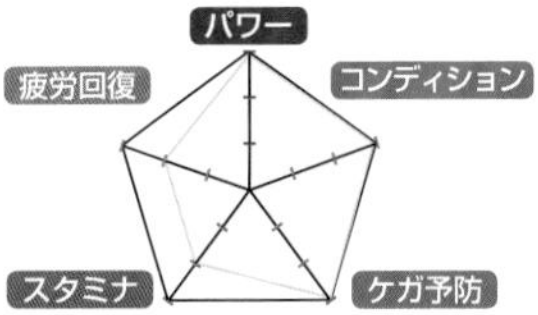

良質なたんぱく質が豊富

ホタテの貝柱は**アミノ酸**をたっぷりと含んだ良質なたんぱく質のかたまりです。また、傷ついた末梢神経の修復を助ける働きを持つ**ビタミンB12**が豊富に含まれています。さらに、低カロリーで減量時には強い味方となるでしょう。**ミネラル**も豊富なので、体調を整えたいときには効果的です。

食べコツ

ホタテは貝柱についているワタ部分に毒素を持っていることがあります。ワタを食べるときにはしっかり加熱調理するようにしましょう。

シジミ

+ミネラル +ビタミンB12

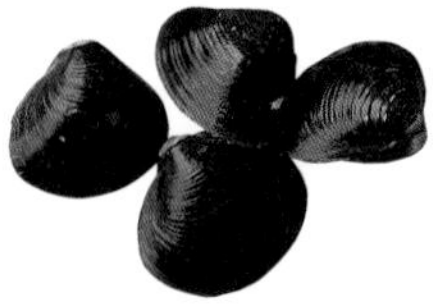

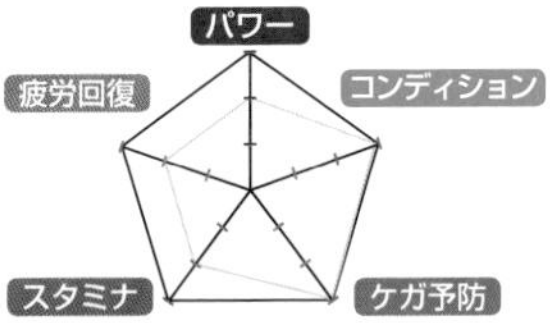

高栄養価で貧血予防に効果

シジミにはレバーに匹敵するほど**鉄**や**銅**、**ビタミンB12**が多く含まれています。これらの栄養素が、ヘモグロビンや赤血球の形成を助けることで、貧血予防につながります。

身は小さくても、栄養価が高い食品なので、上手に利用しましょう。

食べコツ

たんぱく源である豆腐などと組み合わせると貧血予防効果がさらに上がります。また、シジミ汁は二日酔いにも効果があります。

大豆製品

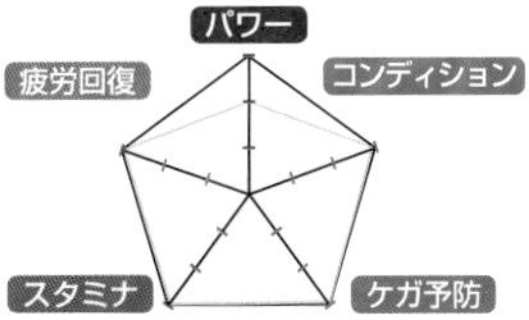

からだを整える健康食品

大豆の持つ良質な**たんぱく質**を摂取できる大豆加工食品は、食卓の強い味方です。

もう一品として献立に加えることもできますし、メインとして調理することも可能です。もちろんカロリーは低めです。

積極的にメニューに取り入れていくとよいでしょう。

食べコツ

油揚げはあらかじめ湯通しして余分な油を落としておくとカロリーカットできます。また、豆乳は手軽にたんぱく質を摂取できます。

副菜

データでわかる
野菜、きのこ類など

副菜はビタミンやミネラル、食物繊維の供給源です。野菜や海藻類が主な食品にあたります。特にビタミンには、からだの機能を整える働きがあるので、アスリートの体調管理には欠かせない食品です。

アスリートに役立つ主な栄養素がわかるマークつき！

+糖質　+ビタミンA　+ビタミンB1　+ビタミンB2　+ビタミンC　+ビタミンD　+ビタミンE　+脂質　+食物繊維　+ミネラル

アスパラガス

+ビタミンA

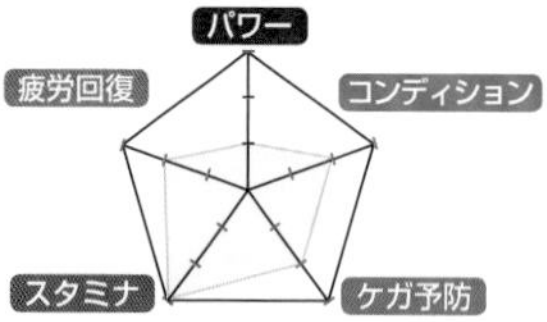

体調コントロールに効果大

アスパラガスに含まれる**アスパラギン酸**はアミノ酸の一種で、疲労回復や体力増強に役立ちます。また、体内でビタミンAに変わる**β-カロテン**が多く含まれているので、風邪への抵抗力を高める効果が期待できます。コンディションを整えるためには、もってこいの食品です。

食べコツ

アスパラガスは切らずにさっとゆで、冷めてから食べやすい大きさに切るとおいしく仕上がります。下ゆでせず、炒めてもOK。

キャベツ

+ビタミンC

さまざまなビタミンを含む

キャベツには、さまざまなビタミンが含まれています。**ビタミンC**や**ビタミンK**に加え、**ビタミンU**という珍しい成分も多く含まれています。

これらの栄養から、骨や胃腸の増強、疲労回復、コンディションを保つといった数多くの効果が期待できます。

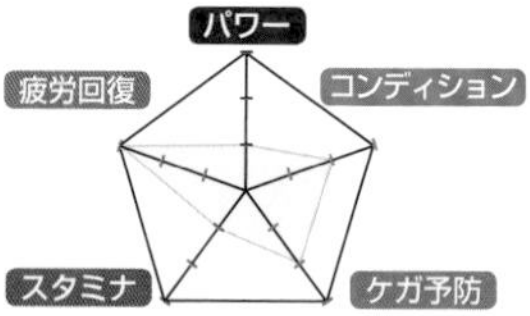

食べコツ

キャベツは緑の濃い外側の葉に多くのビタミンCが含まれています。疲労回復効果を期待するときには外側部分を意識的に使いましょう。

きゅうり

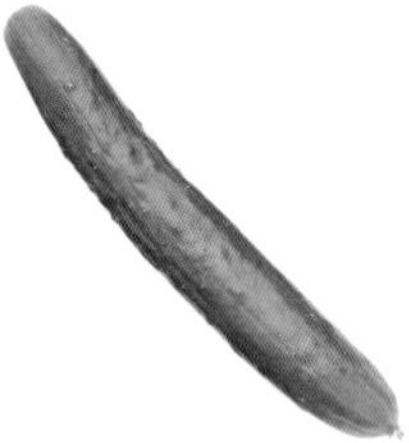

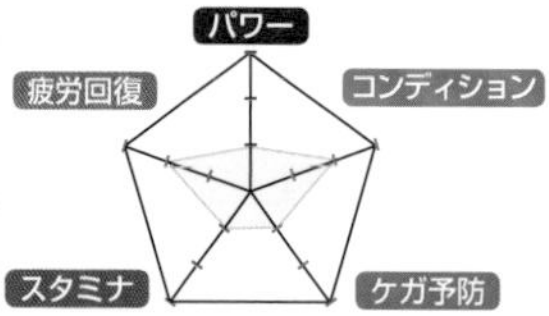

90%以上が水分

きゅうりは90%以上が水分からなり、**カリウム**を豊富に含んでいます。汗で塩分や水分が失われたときは、補給用の食品として利用できます。また、きゅうりに含まれる**アスコルビナーゼ**という酵素は、他の食品の**ビタミンC**を破壊しますが、この酵素の働きはお酢を使うことで抑えられます。

食べコツ

ほてったからだを冷やしてくれる効果があるので、夏のハードなトレーニング時には緑黄色野菜と一緒にサラダなどに使うのもおすすめです。

ごぼう

＋食物繊維

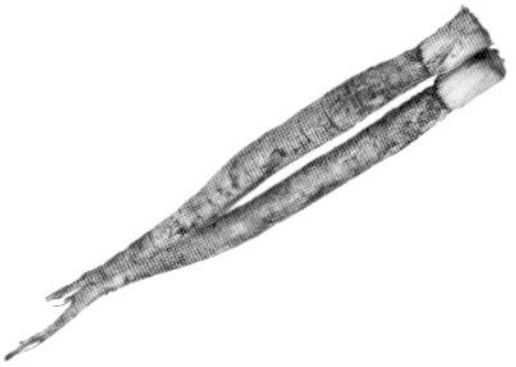

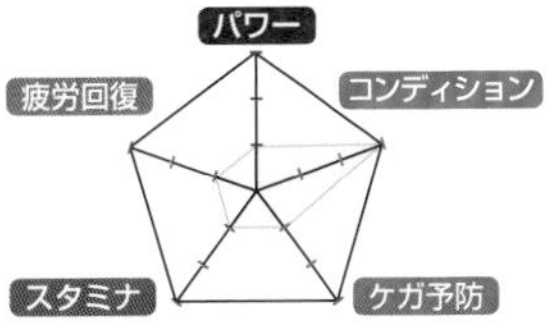

食物繊維が腸をきれいにする

ごぼうにはビタミンがあまり含まれていませんが、**食物繊維**が豊富に含まれています。このため、腸の働きを整え、コンディションを保つ効果が期待できます。また、**カリウム**が豊富に含まれており、利尿作用があるので、むくみを改善する効果が期待できます。

食べコツ

ごぼうの香りやうまみは、皮のすぐ下に多く含まれています。皮をむかず、たわしなどでこすって泥を落とすだけにしましょう。

小松菜

＋ビタミンA　＋ビタミンC　＋ミネラル

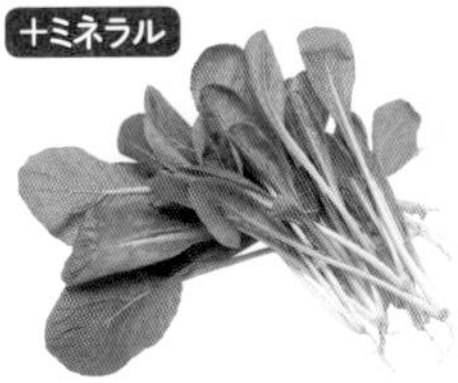

高い栄養価でさまざまな効果

小松菜は緑黄色野菜の中でも、栄養価の高い野菜のひとつです。**カルシウム**が多く含まれているため、骨を強くする効果や骨折の予防などの効果が期待できます。さらに抗酸化作用が強い**ビタミンC**や**β-カロテン**も豊富なので、風邪の予防にも役立ちます。

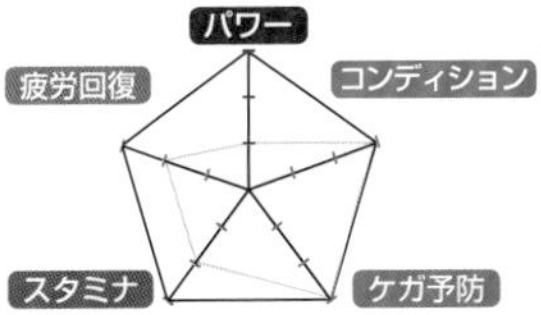

食べコツ

ビタミンDと一緒にとるとカルシウムの吸収率がアップします。きのこ類と合わせておひたしにするとよいでしょう。

カブ

＋ビタミンA　＋ビタミンC

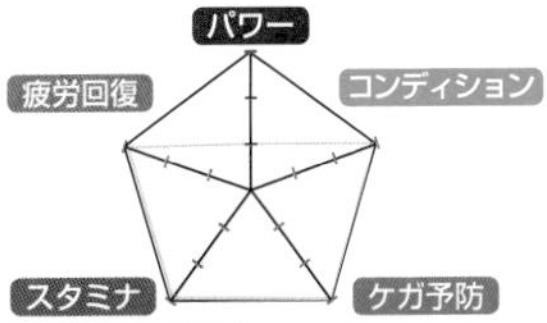

葉は栄養、根は消化に役立つ

カブは根と葉で栄養成分が大きく変わるのが特徴です。根は淡色野菜で**ビタミンC**や消化酵素の**アミラーゼ**を多く含みます。

一方、葉は緑黄色野菜で、**β-カロテン**や**カルシウム**、**カリウム**などがたっぷり含まれています。目的と用途によって使い分けましょう。

食べコツ

カブの根は火の通りが速いので加熱時間は短めに。また、栄養成分を生かしたいときは生食がおすすめ。カブの甘味も引き立ちます。

さやえんどう

＋食物繊維　＋ビタミンA　＋ビタミンB_1　＋ビタミンC

豆と野菜の栄養素が共存

さやえんどうは、豆の持つ**ビタミンB_1**や**たんぱく質**に加え、緑黄色野菜の持つ**β-カロテン**などを含むバランスのとれた食品です。

ビタミンCや**食物繊維**も豊富に含まれているので、からだの成長の促進や風邪の予防、コンディションを整えるといった効果が期待できます。

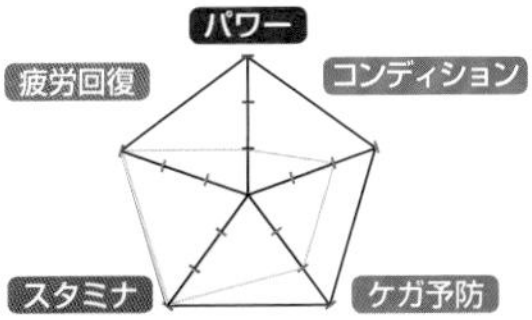

食べコツ

ビタミンCは水に溶けやすく熱に弱いので、ゆですぎないように注意。また、ゆであがった後は氷水で一気に冷やすと色がきれいです。

そらまめ

+たんぱく質　+糖質
+ビタミンB1

豆には糖質とたんぱく質

そらまめは初夏の一時期にしか出回らない食品です。

大きな豆にはエネルギー源となる**たんぱく質**や**糖質**が豊富に含まれています。また、疲労回復効果のある**ビタミンB1**や、貧血予防に役立つ**鉄**もたっぷり。短い旬を狙って使うことで、献立のバリエーションが増えます。

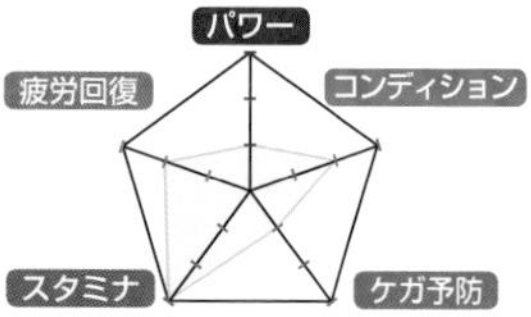

食べコツ

そらまめは鮮度が落ちやすい野菜です。さやごと手に入れた際にはさやからすぐに外し、酒を少し入れたお湯で塩ゆでにしましょう。

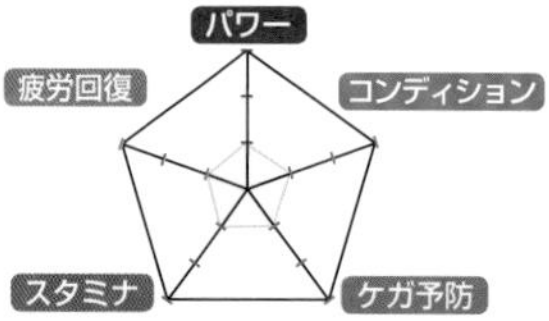

食べコツ

とうがらしには食欲を増進する働きもあるので、疲れて食欲がないときや、増量中の選手は香辛料として使用するのもよいでしょう。

カプサイシンが血行を促進

とうがらしには辛味成分の**カプサイシン**が豊富に含まれています。**カプサイシン**は毛細血管の血流を促進するので、からだを温めてくれます。さらに中枢神経を刺激するため、代謝が高まり、体脂肪の分解を促進する効果が期待されます。ただし、食べ過ぎると胃を荒らすことがあるので注意。

とうがらし

じゃがいも

+ビタミンC　+糖質

ビタミンCも糖質も豊富

じゃがいもには**ビタミンC**が豊富に含まれているので、風邪の予防や疲労回復といった効果が期待できる食品です。

さらに、**糖質**が多いので炭水化物の補給にも役立ってくれます。また、**カリウム**も豊富に含まれているため、筋肉の収縮や弛緩を正常に保ってくれます。

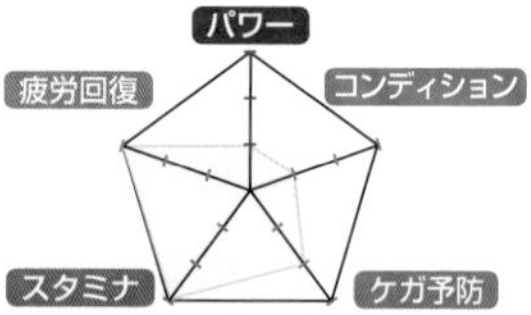

食べコツ

下ごしらえのときに皮ごとゆでてからむくと、風味と栄養素が保てます。ビタミンB1を含む食品と合わせると疲労回復の効果もアップ。

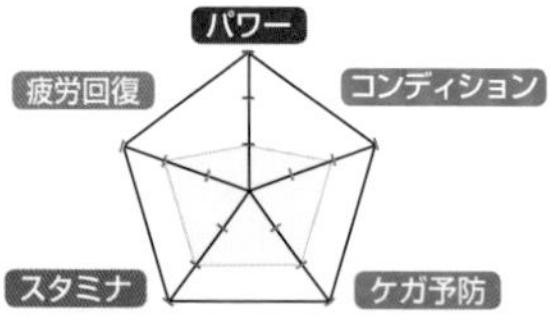

食べコツ

独特の香りは自律神経に作用し、胃腸の働きを高めてくれます。風邪や疲労回復にも効果的です。鍋料理に入れてたっぷりとりましょう。

香り立つ緑黄色野菜

春菊には**β-カロテン**が豊富に含まれているので、風邪の予防効果を期待できる食品です。

さらに**カルシウム**をはじめ**マグネシウム**や**リン**、**鉄**といった骨の生成に大事な**ミネラル**が多く含まれており、骨を強くする、コンディションの維持といった効果も期待できます。

春菊

+ミネラル　+ビタミンA

セロリ

+ミネラル

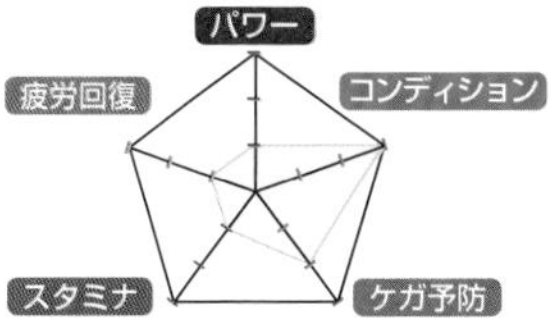

カリウムが筋肉をしなやかに

セロリは**カリウム**を多く含む食品です。カリウムは筋肉の収縮をスムーズに保ち、カルシウムの排泄量を抑える働きがあります。ケガをしにくいからだづくりに役立ってくれるでしょう。

また、セロリの香り成分は**セネリン**などからなり、食欲増進や精神安定などにも役立ちます。

食べコツ

茎のスジは歯ざわりを悪くするので、調理の際に包丁で丁寧に取り除きましょう。茎には肝機能を高める成分が含まれています。

たけのこ

食物繊維で体調コントロール

たけのこは肉厚で食べ応えがあるわりにカロリーが低いため、減量中のアスリートの強い味方です。また、たけのこに含まれている**チロシン**という成分は神経伝達に関わる物質や甲状腺ホルモンの原料になる物質です。ストレス緩和や集中力を高める効果が期待できます。

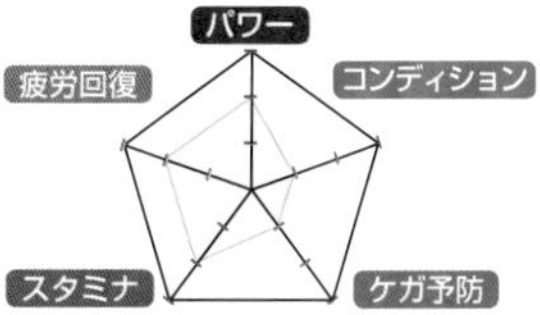

食べコツ

たけのこは時間がたつとえぐみが増していきます。入手後はすぐにゆでておくとよいでしょう。アクは肌荒れにつながることもあるので要注意。

トマト

+ビタミンC

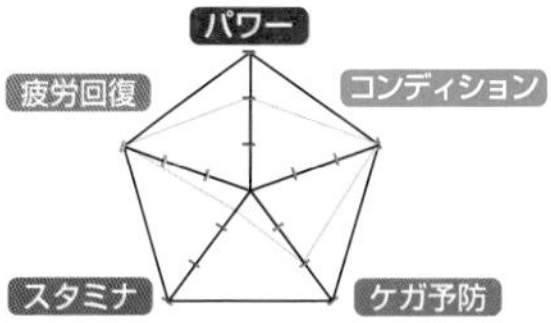

ビタミンCとリコピンで細胞活性

トマトの赤色は**リコピン**とよばれる色素で、強い抗酸化作用を持ちます。さらに、ミニトマトであれば**ビタミンC**を豊富に含んでいるため細胞を丈夫にしてくれます。豊富に含まれる**クエン**酸が胃液の分泌を促し、たんぱく質などの消化を助けてくれるので、肉料理などと合わせるのもよいでしょう。

食べコツ

トマトは加熱すると甘味が引き立ちます。また、煮込みの肉料理などに使うとクエン酸が脂っぽさを中和し、さっぱりと仕上がります。

なす

紫色の成分「ナスニン」に期待

なすは約90%が水分からできています。

ポリフェノールの一種である**ナスニン**という色素が活性酸素の働きを抑えるので、コンディションを整える効果が期待できます。ナスニンは紫色の皮に含まれているので、皮ごと食べることを心がけましょう。

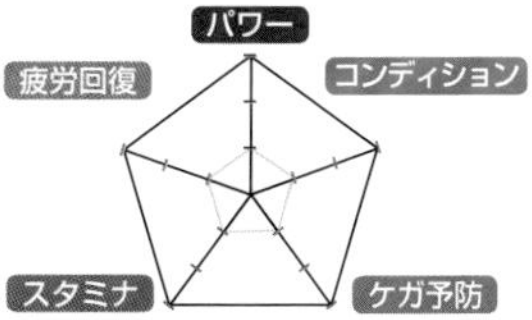

食べコツ

果肉が油を吸収するので、植物油を使った調理との相性は抜群。ナスニンは水に溶けやすいので、アク抜き以外は水にさらさないほうがよいです。

にがうり

+ビタミンC

栄養バランスのとれた野菜

にがうりは「ゴーヤ」ともよばれ、**ビタミンC**、**カリウム**、**マグネシウム**などを多く含んでいます。中でも、からだの抵抗力を高めるビタミンCが豊富です。

また、にがうりに含まれている栄養素は加熱しても破壊されにくいことが特徴でもあり、疲労回復に効果のある野菜です。

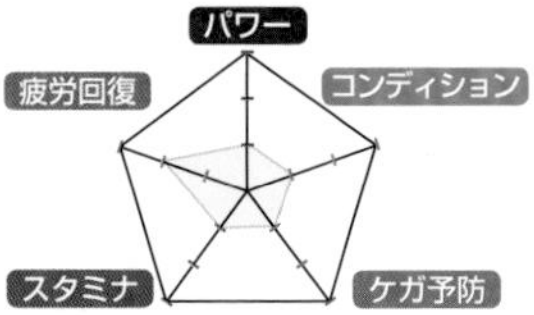

食べコツ

独特の苦味を抑えたいときは下ごしらえで工夫しましょう。中のワタを取り出し、薄く切ったあと塩もみをしておくと苦味が弱まります。

にんじん

+ビタミンA

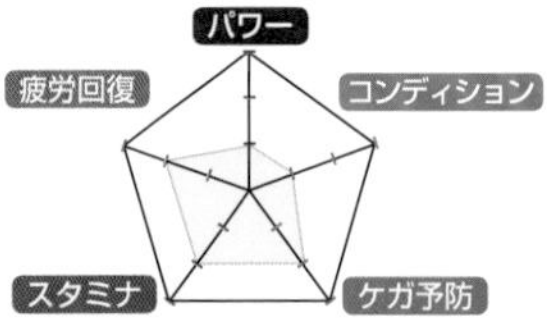

食べコツ

にんじんに含まれるアスコルビナーゼは、すったり切ったりするとほかの食品のビタミンCを破壊してしまうので、下ごしらえに酢を使います。

β-カロテンで免疫力増強

にんじんは、緑黄色野菜の中でも**β-カロテン**の含有量が多い食品です。β-カロテンは免疫力を高めるので、コンディションを整えるために効果的な食品といえます。

たんぱく質と合わせてとることで、さらに免疫力の増強が期待できるようになります。

にら

+ビタミンA

種類豊富なビタミンを含む

にらは、さまざまなビタミン類を多く含むすぐれた食品です。特に**β-カロテン**を豊富に含むため、風邪予防の効果が期待できます。さらに香りに含まれる**硫化アリル**という成分は、ビタミンB_1の吸収を高める働きをするので、疲労回復やスタミナ増強といった効果も期待できます。

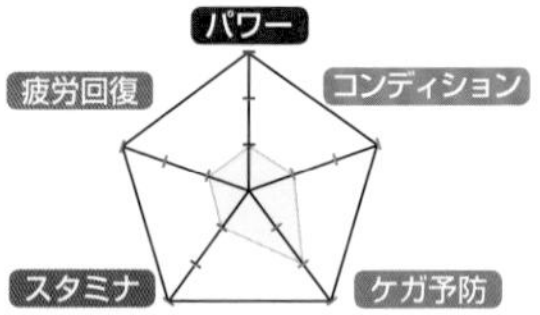

食べコツ

豚肉と合わせてとるとよいでしょう。さらに疲労回復の効果が期待できます。また、油といっしょにとるとβ-カロテンの吸収率が上がります。

ねぎ

+ビタミンC

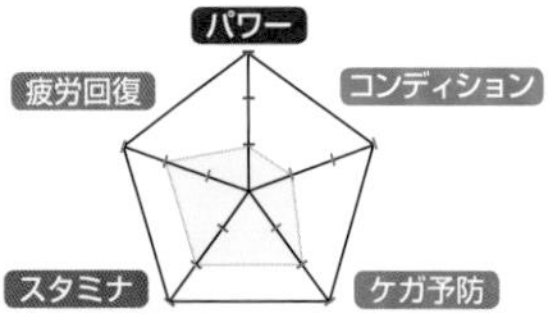

食べコツ

硫化アリルは水に溶けやすいので、水にさらしすぎないこと。また、加熱しすぎると甘みに変わってしまい、効果がなくなってしまいます。

疲労回復に役立つ万能野菜

にら同様、ねぎの香りにも**硫化アリル**が含まれており、ビタミンB_1の吸収を高めるので、疲労回復やコンディションを整えるといった効果が期待できます。

また、**カリウム**や**カルシウム**による骨の強化の効果や、**ビタミンC**による風邪予防の効果が期待できます。

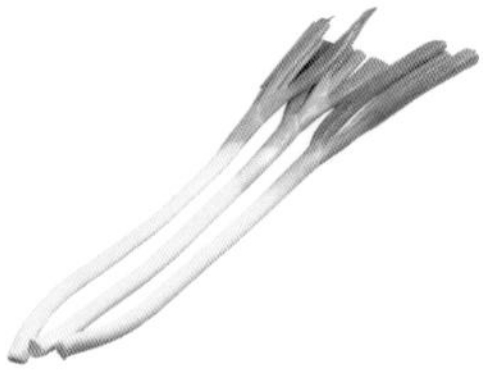

ほうれん草

+ミネラル　+ビタミンA　+ビタミンB1

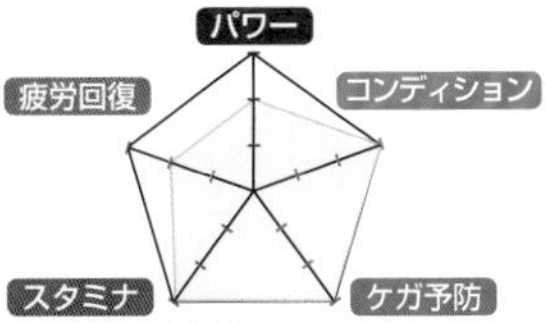

体力増強に役立つ緑黄色野菜

ほうれん草は栄養価が高く、**β-カロテン**、**ビタミンB1**、**鉄**、**カルシウム**などを豊富に含んでいます。

不足しがちな栄養素を一気に補える便利食品であり、緑黄色野菜の代表といえるでしょう。

さらに、貧血予防や疲労回復、体力増強とアスリートにはうれしい効果が期待できます。

食べコツ

新鮮なほうれん草であれば生で食べることもできるので、果物と一緒にミキサーにかけ、野菜ジュースにするのもおすすめです。

ブロッコリー

+食物繊維　+ビタミンC　+ビタミンA　+ビタミンB2　+ビタミンE

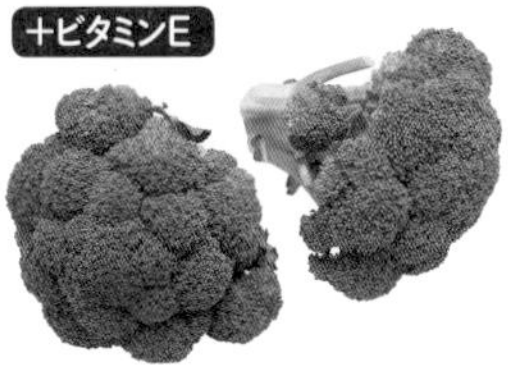

少量でもビタミンCの効果大

ブロッコリーはさまざまな栄養を豊富に含んだ、優れた食品です。特に**ビタミンC**の含有量が野菜の中でも圧倒的なので、風邪の予防効果が期待できます。そのほかにも**β-カロテン**や**ビタミンB2**、**ビタミンE**や**食物繊維**などの働きにより、体調を整える効果が期待できます。

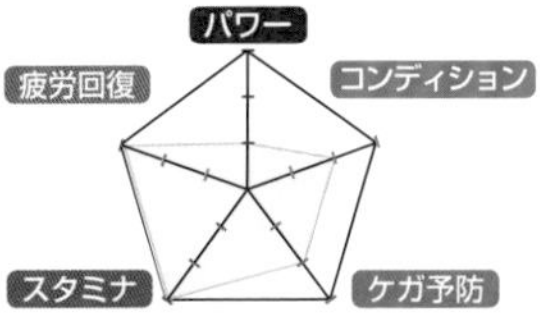

食べコツ

細胞をつくるたんぱく質を含む食品と合わせてとると、ビタミンCとβ-カロテンの働きによって細胞が丈夫になり、免疫力が増強します。

水菜

+ビタミンA　+ビタミンC　+ミネラル

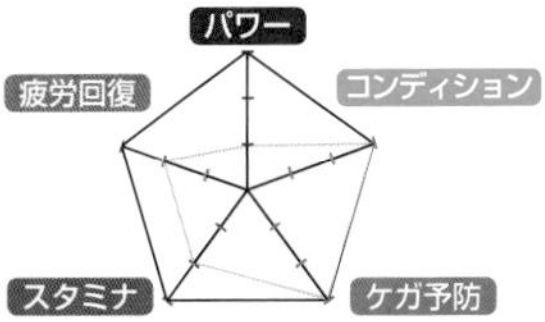

風邪予防に効果的

水菜は**β-カロテン**と**ビタミンC**を豊富に含む食品なので、風邪予防や免疫力増強といった効果が期待できます。旬が冬なので、乾燥時期の体調管理にはおすすめです。また**カルシウム**や**マグネシウム**、**リン**や**鉄**といった成分も豊富に含まれているので、骨を強化してくれます。

食べコツ

水菜に多く含まれる葉酸は、赤血球をつくるのに必要な栄養素。ビタミンB12とともに働くので、レバーやアサリなどと一緒にとるのがおすすめ。

モロヘイヤ

+ビタミンA　+ビタミンB1

β-カロテンの豊富な健康食品

モロヘイヤに含まれる**β-カロテン**量は野菜の中でもトップクラスで、その含有量はにんじんをしのぐほど。粘膜の健康を保ち、風邪の予防に役立ってくれます。

また、スタミナを保つ効果のある**ビタミンB1**も含んでいるので、アスリートであれば積極的にとりたい食品です。

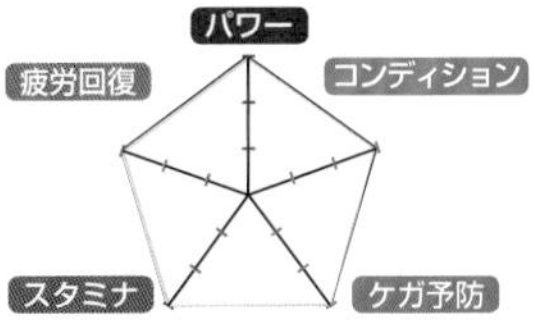

食べコツ

β-カロテンは油と一緒にとることで吸収率が高まります。炒め物や、和え物であれば少しごま油をプラスするなどするのもよいでしょう。

大根

+ビタミンC　+ビタミンA

消化酵素で整腸作用バツグン

大根の根に含まれる**アミラーゼ**は消化を促進して胃腸を整えてくれるので、脂が多い食品と組み合わせることをおすすめします。

葉は緑黄色野菜となり、**ビタミンC**や**β-カロテン**が豊富に含まれています。

摂取したい栄養素を考え、根と葉を使い分けましょう。

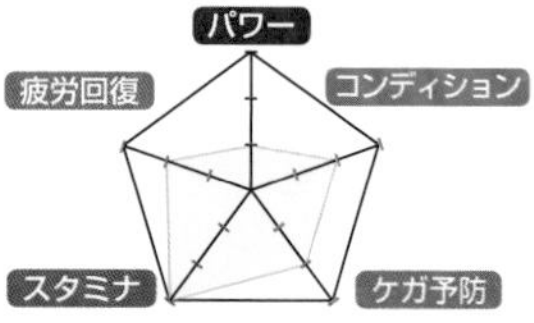

食べコツ

ビタミン豊富な葉も捨てずに使いましょう。細かくきざんでちりめんじゃこなどと一緒にゴマ油で炒め、ふりかけにするとよいでしょう。

玉ねぎ

辛味成分の硫化アリルに注目

玉ねぎの辛味に含まれる**硫化アリル**という成分はビタミンB_1の吸収を高めます。さらに、硫化アリルは血液をサラサラにする働きがあるので高血圧予防の効果も期待できます。また、野菜の中でも糖質が多めなのも特徴です。調理の際には火を入れると甘味が増しておいしくなります。

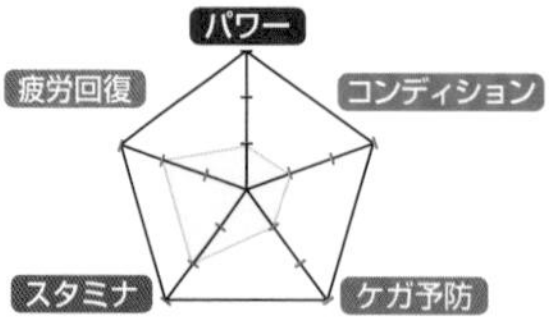

食べコツ

硫化アリルは熱に弱いので、効果を期待する場合は生のまま食べるようにします。辛味が強い場合は水にさらしておくとよいでしょう。

かぼちゃ

+ビタミンA　+ビタミンC

皮にも栄養がある野菜

かぼちゃはさまざまな栄養素を含んでいる、バランスのとれた食品です。中でも抗酸化作用のある**β-カロテン**や**ビタミンC**は、風邪の予防やコンディションを整える効果が期待できます。

さらに**カリウム**も豊富なので長時間の運動後に起こる筋肉の痙攣《けいれん》を防ぐ効果も期待できます。

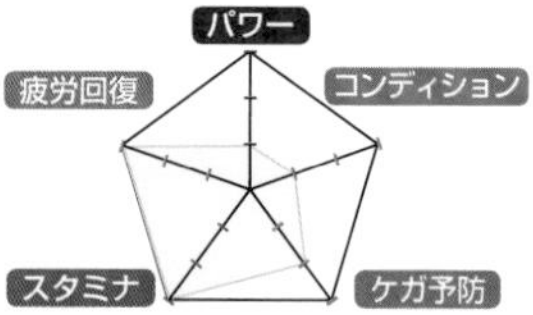

食べコツ

かぼちゃの皮は果肉以上に高い栄養価があります。煮物にするときはある程度、皮を残すようにすると、栄養素をしっかり摂取できます。

レンコン

+食物繊維　+ビタミンC

疲労回復や風邪予防に

レンコンは**ビタミンC**に加え、**ビタミンB_1**を多く含みます。このため、風邪予防や疲労回復の効果が期待できます。

さらに**食物繊維**を含み、からだから余分なものを排泄する作用が働くため、体調を整えてくれるでしょう。

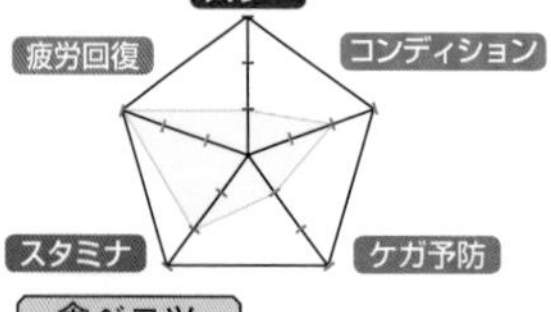

食べコツ

レンコンをすりおろしたしぼり汁は発熱やのどの渇きによいとされています。鼻血や扁桃炎を抑えてくれるので、体調不良のときに効果大。

やまいも

アミラーゼで消化促進

やまいもは栄養価が高く、昔から滋養強壮の野菜として利用されてきました。炭水化物、カリウム、ビタミンB_1、食物繊維などの栄養成分が多く含まれています。

やまいもに含まれる消化酵素の**アミラーゼ**は、でんぷんの消化を助ける働きがあるので消化促進や疲労回復といった効果が期待できる食品です。

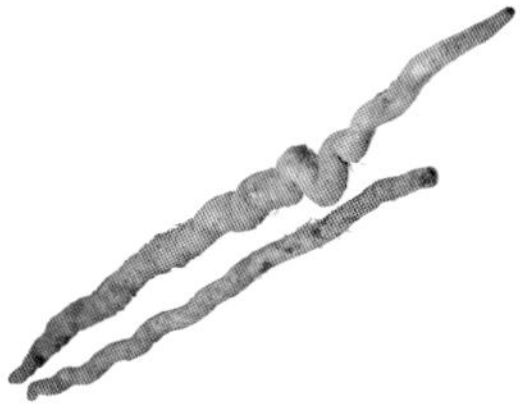

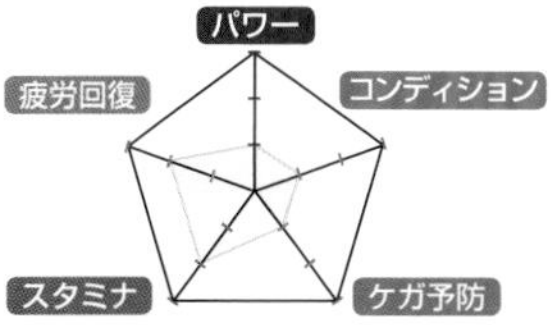

食べコツ

消化作用の効果を期待するのであれば、生のまま食べたほうがより効果的です。増量中の選手ならばとろろご飯にするのもおすすめです。

さといも

ぬめり成分に整腸効果

さといもは水分が多く、一般的にカロリーの高いいも類の中では、低カロリーの部類に入ります。また、カリウムを多く含むため、体内の余分な塩分を排出する働きがあり、血圧上昇を抑える効果が期待できます。このほか、ビタミンB群も多く含むので、疲労回復にも役立ちます。

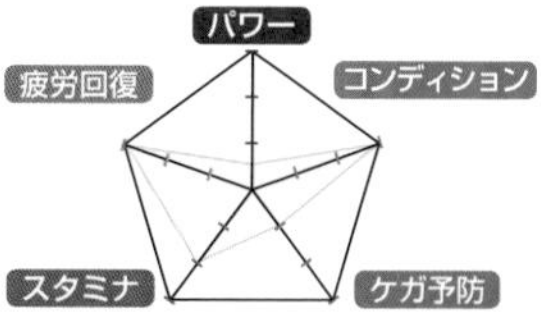

食べコツ

整腸作用の効果を期待するのであれば、下ごしらえの際にぬめりを落としすぎないよう注意。独特のねばりを活かした調理を意識しましょう。

ピーマン

+ミネラル　+ビタミンC

厚い果肉で栄養素をガード

ピーマンは**ビタミンC**を豊富に含んでいます。本来、熱に弱いビタミンCですが、果肉の厚いピーマンは加熱しても損失が少ないのが特徴です。

さらに**カリウム**や**ルチン（ビタミンP）**といった成分は毛細血管を強くする働きがあり、からだを健康に保ちます。

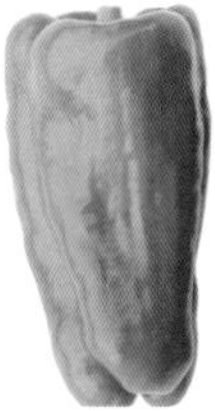

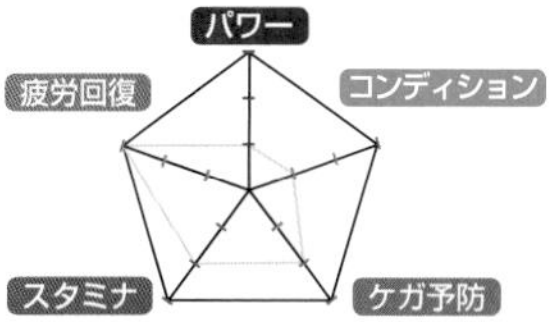

食べコツ

赤ピーマンはβ-カロテン、ビタミンE、ビタミンCを多く含み、含有量はどれも青ピーマンの2倍以上。栄養素を効率よくとるにはおすすめ。

レタス

ビタミンEで体調を整える

レタスはさまざまなビタミンが含まれている食品です。中でも**ビタミンE**は血行をよくしたり、脂肪の酸化を防ぐ働きがあるので、ベストなからだの状態を維持する効果があります。また**β-カロテン**と**ビタミンC**も少量ながら含まれているので、疲労回復と風邪予防の効果も期待できます。

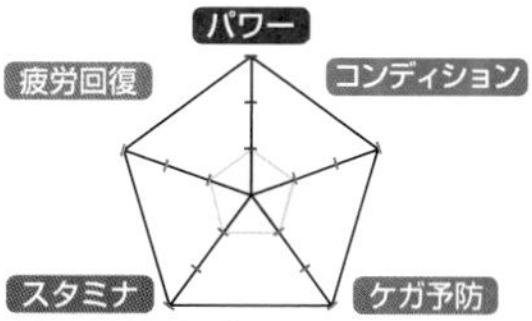

食べコツ

スープにすると水溶性のビタミンCを余すところなく摂取できます。また、かさが減ってやわらかくなるので、たくさん食べられます。

青じそ

+ビタミンA

香りには防腐作用効果が

しそ特有の香りはしそ油という精油成分から生まれています。

精油成分のひとつである、**ペリルアルデヒド**には強い防腐作用があり、食中毒を防ぐ働きを持っているので、夏場ならば補食用に持ち歩くおにぎりや、お弁当のおかずの仕切りに使ってみるのもよいでしょう。

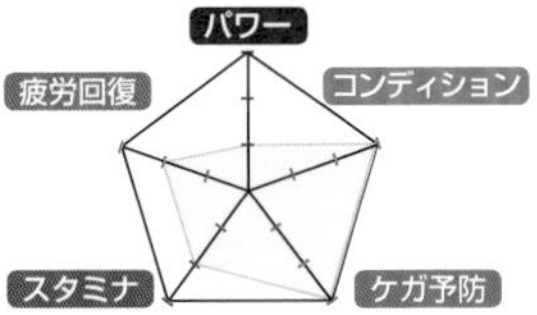

食べコツ

しそには抗酸化作用のあるβ-カロテンが豊富に含まれているので、牛肉のしそ巻きなど、たんぱく質と一緒に食べると免疫力が増強します。

バジル

+ビタミンE　+ビタミンA　+ミネラル

β-カロテンが免疫力増強

バジルは**ビタミンE**に加え、大量の**β-カロテン**を含むので免疫力増強の効果が期待できます。また**マグネシウム**や**カルシウム**、**鉄**などの成分も含まれているので骨の強化にも期待できる食品です。さらに香りの成分は食欲増進や消化促進の効果もあり、脂っぽい料理と合わせるのがおすすめです。

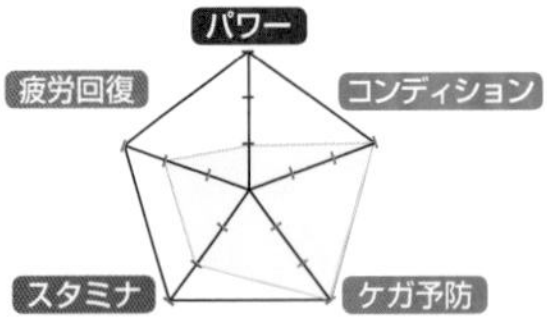

食べコツ

トマトやチーズとの相性が抜群です。イタリア料理の際には調味料として風味を生かすと、食欲も刺激され食欲増進につながります。

しょうが

+ミネラル

からだを温める香辛料

ミネラルを含み、からだへさまざまな効能をもたらしてくれる優秀な食品です。辛味成分である**ジンゲロン**と**ショウガオール**が発汗作用や食欲増進に役立つので、疲労時や体調不良の際には積極的に摂取しましょう。試合や大会の前で体調を整えて臨みたいときにおすすめです。

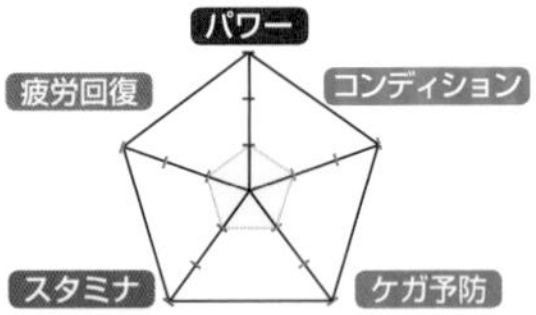

食べコツ

魚や肉のくさみ消しとしても優秀な食品です。しょうがの風味は皮の近くに含まれているので、皮はむかずにすりおろすようにします。

ひじき

+ミネラル

高栄養なミネラルの貯蔵庫

ひじきはさまざまな栄養素が豊富に含まれた、すぐれた食品です。各種の**ミネラル**、特に**カルシウム**が豊富なので骨の強化にはおすすめです。

食物繊維からは整腸作用などの効果も期待できます。

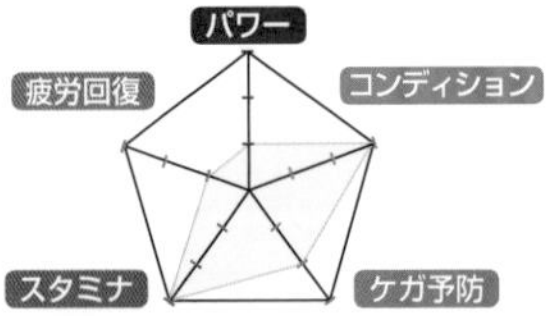

食べコツ

栄養バランスのとれた食品です。混ぜご飯やハンバーグの具に入れたりと、工夫しながらなるべく継続してとるよう意識しましょう。

わかめ

＋食物繊維　＋ミネラル

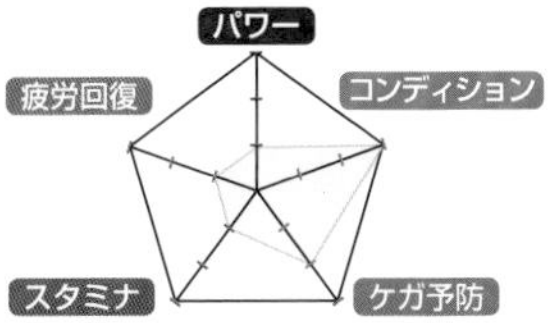

食べコツ

生のわかめは濃い緑色でツヤがあり、厚くて弾力があるものが良品です。乾燥わかめの場合は黒褐色でツヤがあるものを選びます。

コレステロール低下作用あり

わかめ特有のぬめりは食物繊維である**アルギン酸**によるものです。余分なナトリウムを排泄し、コレステロールを低下させる作用があるため、脂質の摂取が気になるアスリートの味方です。また、**カルシウム**や**カリウム**といった**ミネラル**成分もたっぷり含むので、骨を丈夫にしてくれます。

こんぶ

＋ミネラル

海の恵みが結集した海草

こんぶは人体に有益な**ミネラル**を多く含んだ食品です。こんぶに含まれる**ヨウ素**は、からだの基礎代謝を活発にするため、疲労回復やコンディションを整える効果が期待できます。また、数多くのミネラルの働きにより骨の強化や風邪の予防、高血圧の予防など、さまざまな効果が期待できます。

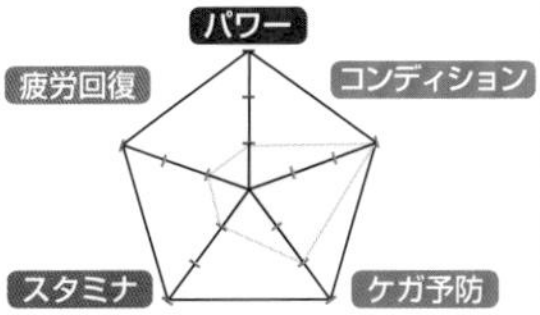

食べコツ

豊富な栄養分を含みながら、低カロリーな食品です。減量中のアスリートは積極的にとるとより効果があるでしょう。

きのこ類

＋ビタミンD　＋食物繊維

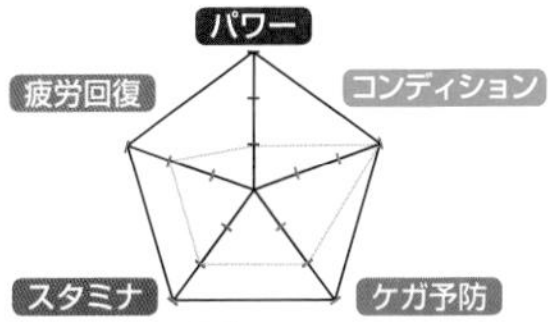

食べコツ

食感を楽しみたければきくらげ、歯ごたえのよさならエリンギといったように、種類が豊富なきのこ類は料理に変化をつけてくれます。

食物繊維豊富で低カロリー

きのこ類は**食物繊維**が豊富に含まれており、さらに低カロリーなので減量の際にとるとよい食品です。また、カルシウムの吸収を高める**ビタミンD**が多く含まれているので、骨を強化する効果が期待できます。成長期にさしかかるジュニアの選手は積極的にとりたい食品のひとつです。

アボカド

＋脂質　＋食物繊維

果肉に良質な脂質を含む

アボカドは良質な**脂質**を多く含んでいます。脂質は果肉の20%を占め、ほとんどが**不飽和脂肪酸**です。そのためアスリートにとっては、スタミナ源の確保が期待できる食品といえます。

さらに、**食物繊維**も豊富に含まれているためコンディションを整える働きにも期待できます。

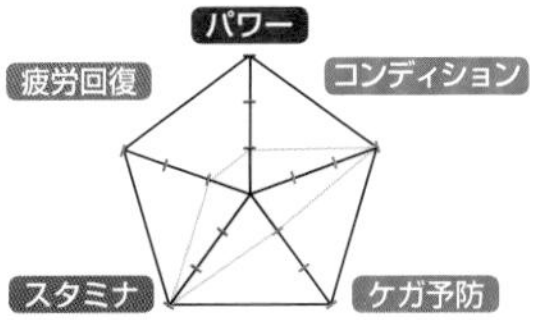

食べコツ

アボカドは切ったまま放置すると変色がすすむので、食べる直前に調理します。実がかたいときは皮が黒く熟すまで常温に置くとよいです。

果物・種実類

データでわかる
果物やナッツ類など

果物や種実は食卓のメインとはなりませんが、含まれる栄養素はアスリートにとってかかせないビタミン群がたっぷり。補食としても優秀な役割を担うので、毎日食べることを意識したい食品です。

アスリートに役立つ主な栄養素がわかるマークつき！

+糖質 +ビタミンA +ビタミンB群 +ビタミンB_1 +ビタミンC +ビタミンE +脂質 +ミネラル +食物繊維

りんご

+食物繊維

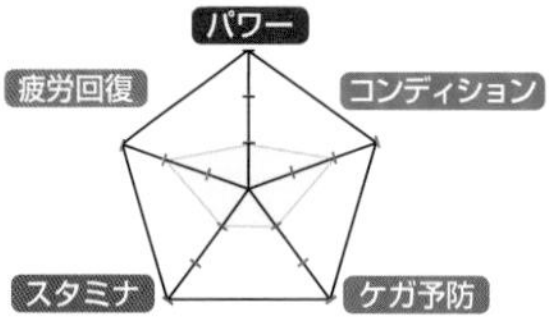

食べコツ

ペクチンは果肉よりも皮に近い部分に含まれているので、栄養素を余すところなく摂取するのであれば丸ごと食べるかジャムがおすすめです。

栄養価の高い果実

りんごには酸味のもとである**リンゴ酸**が豊富で、疲労回復効果に期待ができます。

また、食物繊維の**ペクチン**も含まれているので、腸内細菌の一種である乳酸菌を増やしてくれます。そのほか、抗酸化作用のある**ポリフェノール**も豊富で、栄養価の高い食品です。

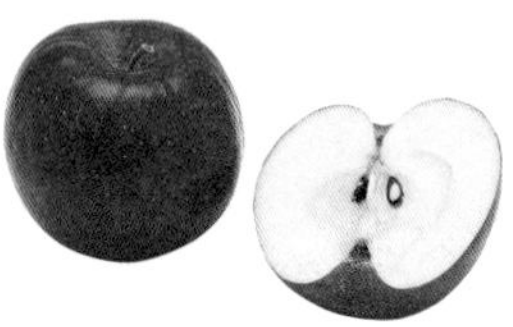

バナナ

+糖質

スタミナ維持に効果大

バナナは果物の中でもでんぷんが多く、**糖質**が豊富に含まれており、消化しやすいので、試合前後の手軽なエネルギー源としておすすめ。

また、果物の中でも**カリウム**の含有量はトップクラスで、**マグネシウム**も豊富なので、熱中症予防にも役立ちます。

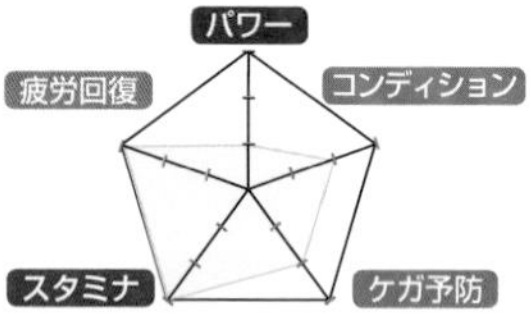

食べコツ

バナナの皮の表面にある褐色の斑点は「シュガースポット」とよばれる食べごろのサインです。未熟なものは常温に置き、追熟させます。

みかん

+ビタミンA +ビタミンC

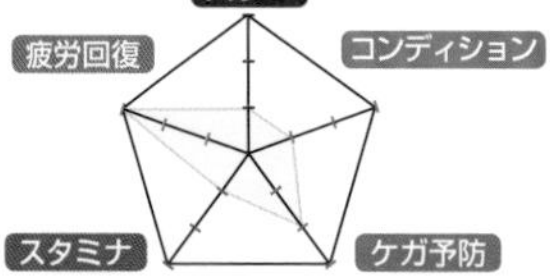

食べコツ

直に丸ごと弱火にかけ、熱いまま果汁をしぼり、しょうが汁を加えると風邪予防に効果的です。皮を乾燥させると漢方薬に用いる生薬《しょうやく》の陳皮《ちんぴ》に。

身近でビタミン豊富な果物

みかんは柑橘《かんきつ》類の中でももっとも親しまれている果物です。

むきやすい皮で、そのまま食べられる手軽さが何よりの魅力でしょう。アスリートの携帯食としても優秀です。

主成分である**ビタミンC**と**β-クリプトキサンチン**が、風邪予防の助けとなってくれます。

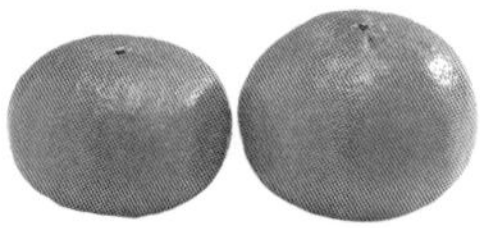

パイナップル

+ビタミンC

ジューシーな果肉がおいしい

パイナップルにはたんぱく質分解酵素の**ブロメリン**が含まれているため、肉類をやわらかくして消化を助ける働きがあります。

また、疲労回復に役立つ**ビタミンC**も多く、酸味のもととなる**クエン酸**は食欲を増進させてくれます。夏バテやハードなトレーニングの後の補食としてよいです。

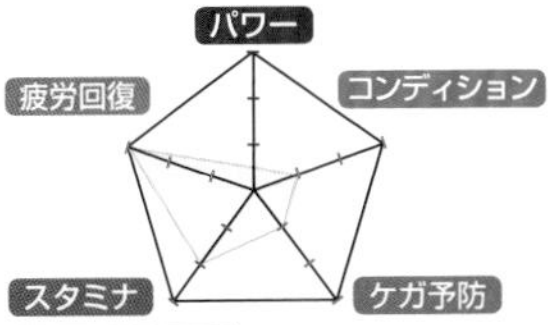

食べコツ

ブロメリンは熱に弱いため、効果を維持したいならば60℃以上で加熱しないように注意。また、肉料理の下ごしらえにも使えます。

マンゴー

+ビタミンA +ビタミンC

トロピカルな甘味たっぷり

マンゴーには**β-カロテン**が豊富に含まれています。

β-カロテンは体内で**ビタミンA**に変わり、免疫力を高め風邪やケガを予防してくれる働きを持つので、体調を整えてくれます。

そのほかにも、**ビタミンC**が豊富に含まれているので、疲労回復に役立ちます。

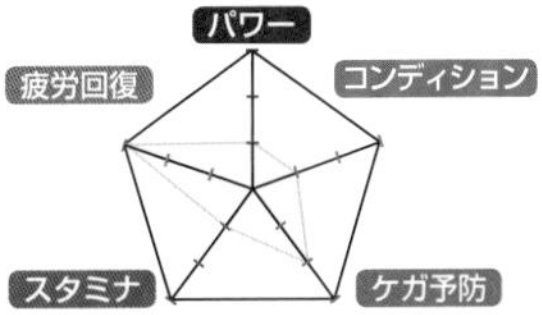

食べコツ

皮がベトベトしてツヤがあるほど熟しています。ただし、マンゴーはウルシの仲間でもあり人によってかぶれる可能性もあるので、要注意です。

いちご

+ビタミンC

疲れを癒やす酸味と甘味

いちごには新陳代謝を高める**ビタミンC**がたっぷり含まれています。その含有量は5〜6粒食べれば1日の摂取量を満たすことができるほど。風邪をひいたときや、疲れがたまっているときに最適な食品です。また、貧血予防に役立つ**葉酸**も豊富なので、上手に摂取し体調を整えましょう。

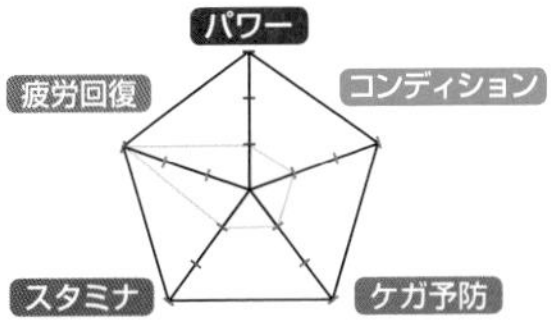

食べコツ

いちごは洗った後にヘタをとると、風味やビタミンCを損ないません。また乳製品など、たんぱく質と同時に摂取すると美肌効果があります。

メロン

+ミネラル

贅沢を極めた味と栄養素

メロンには**カリウム**が豊富に含まれています。カリウムは体内の余分な塩分を排泄する作用や、体内の水分バランスを整える働きを持っています。

甘味主成分の**果糖**、**ブドウ糖**、**ショ糖**などは、素早く吸収されるため、エネルギー源として活躍してくれます。

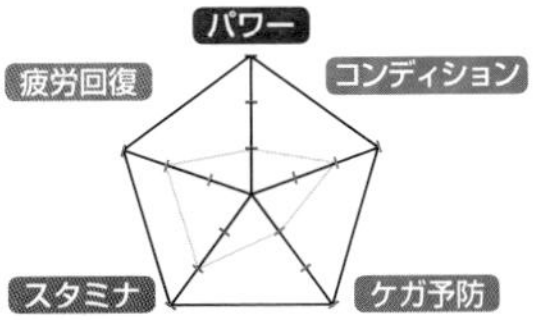

食べコツ

おしりの部分がやわらかく、甘い香りがするものが食べごろです。たんぱく質と食べ合わせることで、しなやかな血管をつくってくれます。

グレープフルーツ

＋ビタミンC

糖分控えめでビタミンCが豊富

グレープフルーツはみかんと同様に柑橘《かんきつ》類の栄養素を含んでいます。中でも、**ビタミンC**が豊富で、丸ごと1つを食べれば1日分のビタミンCを摂取できるほどです。また、グレープフルーツは糖度が低く、毎日食べても太りにくいので、減量中のアスリートには特におすすめです。

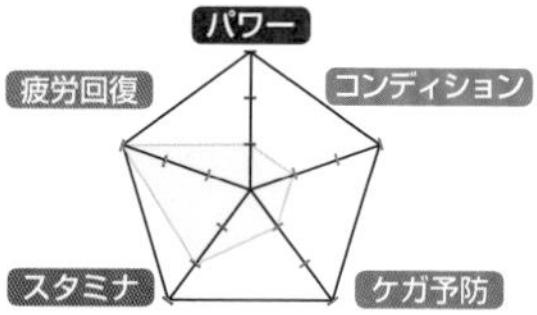

食べコツ

独特の苦味が苦手な人は、サラダに入れたりジュースにしたりと工夫をしましょう。皮ごと火にかけて、マーマレードにするのもおすすめです。

梨

＋ミネラル

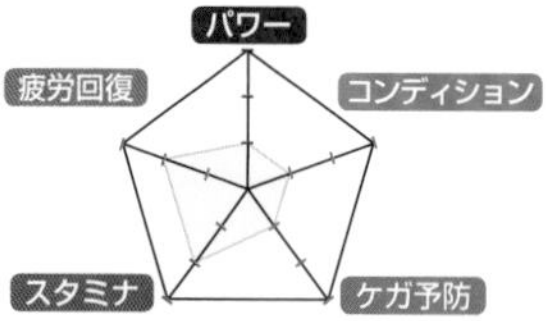

食べコツ

加熱してもおいしく食べられる果物です。ジューサーにかけ、ハチミツと一緒に弱火で煮詰めると、喉の炎症をやわらげてくれる効果も。

歯ざわりとさっぱりとした甘味

梨は汗で失われやすい**カリウム**を多く含みます。また、90％が水分でできているため、水分補給としても役立ち、**クエン酸**が豊富なので疲労回復にも効果があります。また、甘味をもたらす**ソルビトール**は喉の炎症をしずめる働きがあるので、風邪のときにもおすすめな食品です。

キウイ

＋ビタミンC

たんぱく質分解酵素を含む

キウイにはみかんの約2倍の**ビタミンC**が含まれており、疲労回復、風邪予防によいです。

また、たんぱく質分解酵素の**アクチニジン**も含んでいるため、肉類の食事の付け合わせとしてもよいでしょう。デザートとしても、サラダに入れてもおいしい食材です。

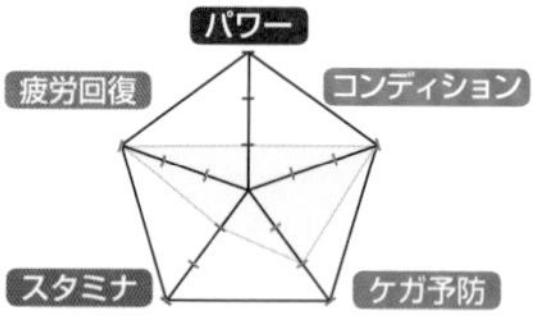

食べコツ

りんごと一緒にポリ袋に入れて常温に置くと早く追熟します。また、肉料理の下ごしらえにキウイの果汁をかけると肉がやわらかくなります。

スイカ

＋ビタミンA

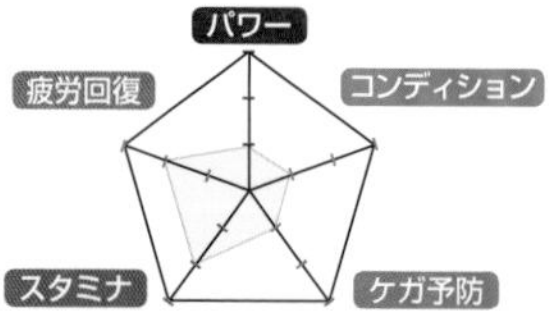

食べコツ

皮の白い部分は漬物や味噌汁の具にし、タネは洗ってフライパンで炒め、中身を割っておつまみにすると栄養素を丸ごと摂取できます。

水分補給に最適な夏の代名詞

スイカは**β-カロテン**が豊富な夏の食べもの。実の9割が水分なので、紫外線が強く暑い日には熱くなったからだを冷やし、渇きをうるおしてくれます。

さらに、**アミノ酸**の一種である**シトルリン**や**カリウム**が、血管を若返らせ血流を促してくれる効果を持っています。

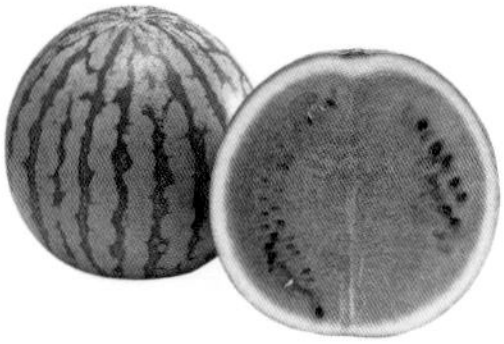

柿

＋ビタミンA ＋ビタミンC

皮膚の強化や免疫力アップに

かきは果物の中でも**ビタミンC**の含有量がトップクラスで、皮膚の強化や免疫力アップに効果的です。

また、柿の特徴でもある渋味成分の**タンニン**は、血圧を下げたりアルコールを分解してくれます。β-カロテンも含まれているので、目の健康維持に役立ちます。

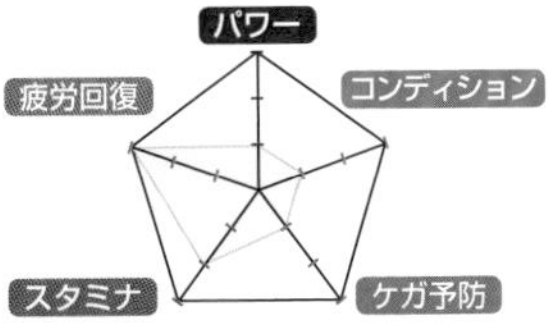

食べコツ

柿は和え物や酢のものにすると副菜としておかずになります。大根と相性がよく、なますにすると色どりもきれいです。

ブルーベリー

＋ビタミンE

視力低下防止に効果あり

ブルーベリーは目によい果物として有名です。**ビタミンE**などを含み、青色のもととなる**アントシアニン色素**は、ロドプシンという視覚に関係する物質の再合成を助けてくれるため、目の機能を高めてくれます。視力のよさが武器となる競技の選手は積極的にとりたい食品です。

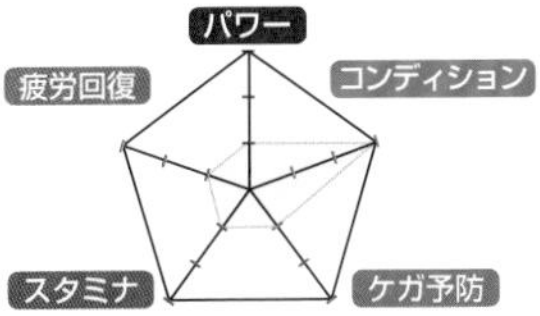

食べコツ

ブルーベリーは傷みやすいので、ジャムやシロップ漬けにしてもOK。生なら乳製品と一緒に食べると栄養素の吸収が高まります。

桃

＋食物繊維

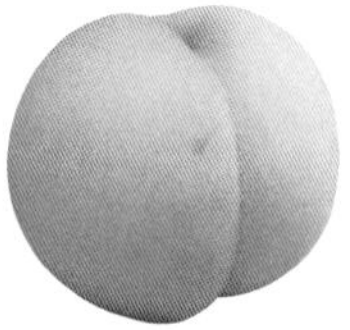

とろける果肉とあふれる甘味

桃には**リンゴ酸**、**クエン酸**が多く含まれているので、疲労回復の効果が期待できます。

また、食欲増進や体調の改善効果もあるので、猛暑日のトレーニングの際などに補食やデザートとして摂取するとよいでしょう。**食物繊維**も豊富で、腸の調子を整えてくれます。

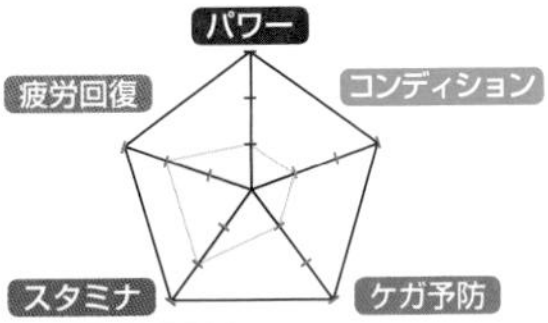

食べコツ

桃は傷つきやすくデリケートな果物なので、やさしく扱いましょう。表面を指で押したりぶつけたりすると、そこから傷んでしまいます。

ブドウ

豊富なブドウ糖がエネルギー源

ブドウの主成分である果糖や**ブドウ糖**は、からだの中ですばやくエネルギーに変わるため、疲労回復の効果大です。皮には**食物繊維**と**ポリフェノール**の一種、**アントシアニン**などを含み、余分な活性酸素を除去し、視力低下を防止してくれます。皮も実も、栄養が豊富な果物です。

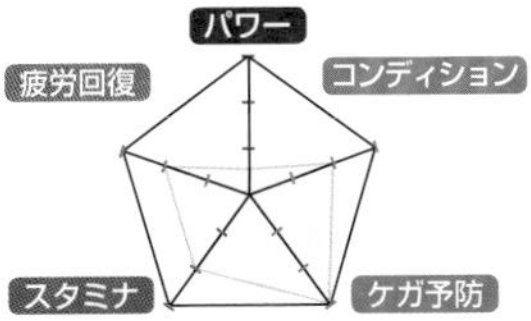

食べコツ

ブドウを干したレーズンには、生よりも食物繊維がたっぷり含まれています。糖質もとれるので、補食に適しています。

梅

+食物繊維

激しい疲労を酸味が癒やす

梅は**食物繊維**を豊富に含むとともに、酸味のもとである**クエン酸**が胃腸の働きを活発にして食欲を増進してくれます。

クエン酸は、疲労物質を分解する代謝にかかわるため、試合後など疲れがピークの際には、エネルギー源となる糖質と一緒に食べるとよいでしょう。

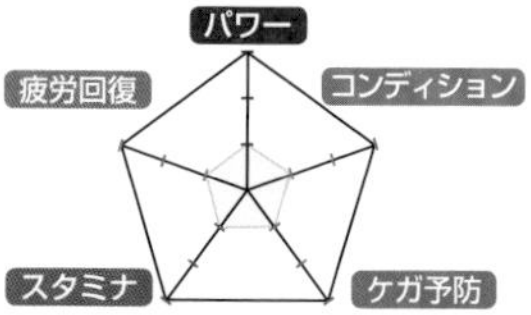

食べコツ

たんぱく質と組み合わせると肉体疲労に加え精神的な疲れも緩和してくれます。食物繊維も豊富なので便秘のときには梅ジュースも効果的。

ゆず

+ビタミンC

果皮に豊富なビタミンCを含む

ゆずの果皮には体内で**ビタミンA**に変わる**クリプトキンサンチン**が多く含まれ、粘膜を守り風邪を予防する効果があります。

また、果肉よりも果皮のほうが栄養価が高く、特に**ビタミンC**においては柑橘《かんきつ》類の中でもトップクラスです。料理に加えるだけで効果があります。

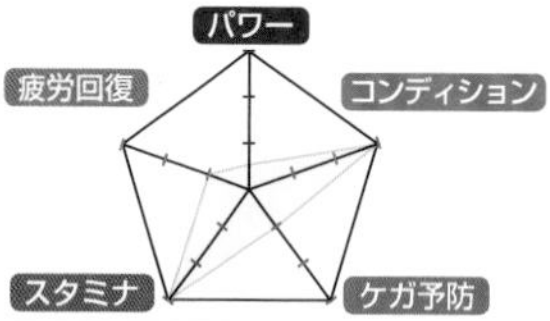

食べコツ

酸味の強い果肉は、お湯につけてハチミツを加えるとおいしく飲めます。からだを温めてくれる温熱作用もあるので、疲労回復に効果的です。

レモン

+ビタミンC

果肉の0.1%がビタミンC

レモンは**ビタミンC**の代名詞ともいわれるほど、ビタミンCが豊富に含まれています。その含有量は果実100g中に約100mg。つまり、果肉の0.1%がビタミンCということになるのです。

一度にたくさんとることは難しいですが、香りや酸味を生かして献立に取り入れましょう。

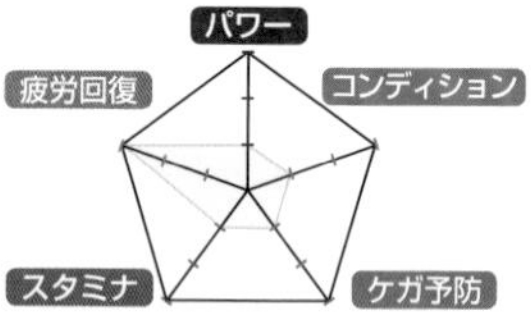

食べコツ

輪切りにしたレモンを冷やして補食にすると疲労回復に役立ちます。また、水にレモン汁を足して飲むのもおすすめです。

ぎんなん

+ビタミンC　+ビタミンB1　+ミネラル

ビタミンが体力向上に一役

ぎんなんにはエネルギー源である**糖質**が多く含まれています。また、**ビタミンC**、**ビタミンE**、**カリウム**、**ビタミンB1**も多いため、代謝の促進や免疫力の向上にも役立ちます。ただし、1日数粒程度にとどめましょう。特に子どもはけいれんを引き起こすことがあるので、食べ過ぎないよう注意。

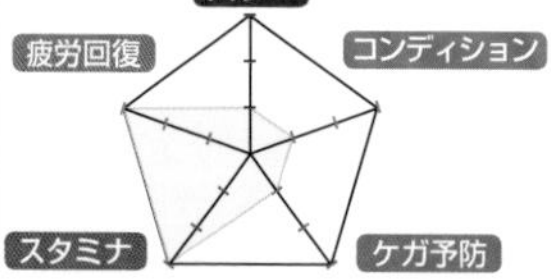

食べコツ

ご飯と一緒に食べるとビタミンB1とでんぷんで代謝がスムーズに。食べ過ぎると消化不良につながるので注意しましょう。

栗

+ビタミンB_1 +ビタミンC +糖質

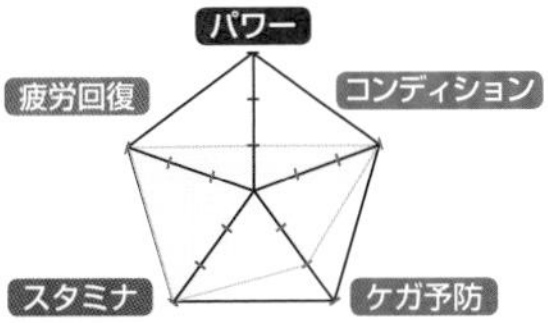

食べコツ

皮をむくときは、約1日水に漬けてやわらかくしてから包丁を入れます。食物繊維などをとりたいときは、渋皮をつけたまま調理します。

炭水化物とビタミンが豊富

栗は糖質が豊富なためエネルギー源として摂取することができます。また、**ビタミンB_1**、**ビタミンC**も含まれているため、疲労回復や免疫力を強化してくれます。体力を回復したいときに適した食品といえるでしょう。

補食やおやつで食べてもよい食品です。

くるみ

+脂質

良質な脂質を含む高栄養価食品

くるみは種実類の中でも特に栄養価の高いナッツです。

実の約70%が**脂質**で、**リノール酸**と**α-リノレン酸**がバランスよく含まれているため、悪玉コレステロールを抑えてくれます。

くるみは濃厚なコクと風味が特徴です。少量でも大きな満足を得られるでしょう。

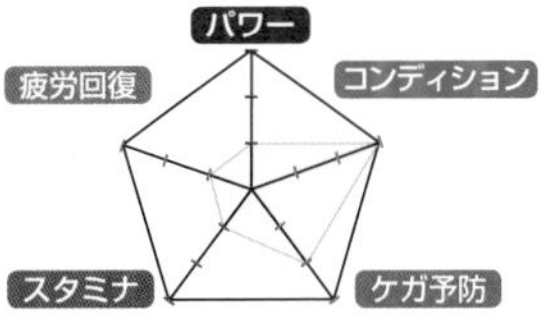

食べコツ

殻に穴があいている場合、中に虫がいることがあるので調理の際には注意しましょう。また、脂質の過剰摂取とならないよう食べ過ぎに注意。

アーモンド

+ビタミンB_1 +ビタミンE

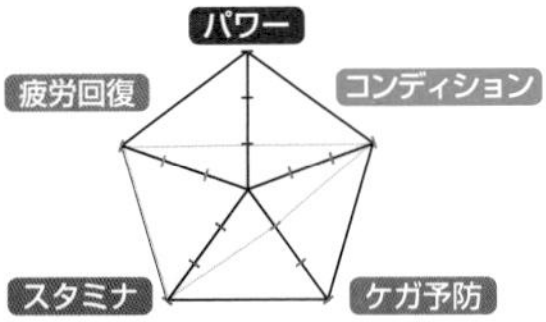

食べコツ

脂質が豊富な分カロリーも高めなので、とり過ぎに注意します。くだいたりスライスして、風味を生かした調理でカロリーを抑えましょう。

ビタミンE豊富な栄養補給食

アーモンドには抗酸化作用のある**ビタミンE**が豊富に含まれています。細胞膜の脂質の酸化を防ぎ、細胞の強化をしてくれる優れものです。

また、糖質を効率よくエネルギーに変えてくれる**ビタミンB_1**もあわせ持っているため、疲労回復にも役立ってくれるでしょう。

落花生

+ビタミンE +ビタミンB群 +脂質 +ミネラル

栄養素がそろった補助食品

落花生に含まれる**レシチン**や**ビタミンB群**、**ミネラル**には、脳を活性化する働きがあります。集中力の維持が求められる場合などにおすすめな食品です。

また、約50%を占める**脂質**は良質で、**ビタミンE**が血行促進、**ビタミンB_1**は疲労回復に役立ってくれます。

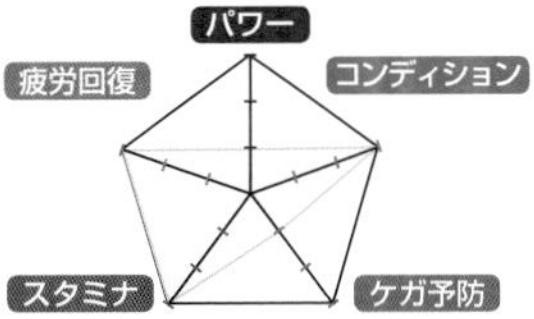

食べコツ

そのまま食べても、くだいてサラダにかけてもおいしく食べられます。炒った落花生をご飯にまぜて炊き込みご飯風にしてもおいしい。

乳製品

データでわかる

牛乳、チーズ、ヨーグルト

骨格をつくるカルシウムは吸収率が低いため、意識していても不足しがちです。その中で、群を抜いて吸収率が高いのが乳製品です。毎食の献立にとり入れて、カルシウムを摂取していきましょう。

カルシウム以外にとれる主な栄養素がわかるマーク つき！

+たんぱく質

牛乳

+たんぱく質

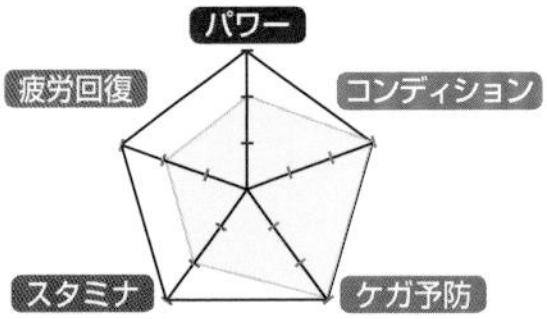

カルシウム補給の定番

牛乳は栄養バランスがよく、完全食品といえます。特に**カルシウム**が**たんぱく質**と結合した状態で含まれているので、小魚や野菜などとくらべるとカルシウムの吸収率が高いのが特徴です。骨を丈夫にするだけでなく、自律神経のバランスを整え、ストレス緩和にも役立ってくれるでしょう。

食べコツ

そのまま飲むことはもちろん、シチューやミルク鍋にしたりと料理にも使えて、手軽にカルシウムを摂取できるのが牛乳のよいところ。

チーズ

+たんぱく質

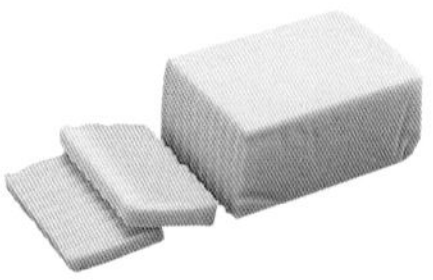

料理に便利なお手軽乳製品

チーズの主成分である**たんぱく質**は、乳酸菌や酵素の働きで**ペプチド**や**アミノ酸**に分解されています。そのため、消化吸収は牛乳よりも優れています。**カルシウム**は牛乳と同じく、**たんぱく質**と結合しているので抜群の吸収率です。サラダに入れたり、調理に使いやすいのも魅力です。

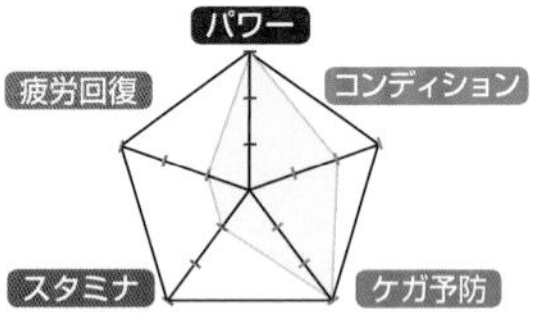

食べコツ

ナチュラルチーズには乳酸菌や酵素が生きたまま含まれています。便秘など、腸の不調を感じたときは積極的に摂取するといいでしょう。

ヨーグルト

+たんぱく質

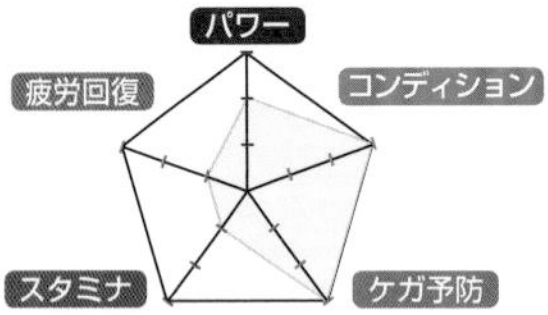

消化吸収に優れた発酵食品

牛乳や脱脂乳に乳酸菌を加えて発酵させたものがヨーグルトです。**乳酸菌**はヨーグルトの中にある**カルシウム**や**たんぱく質**の吸収を助けてくれるので、食欲不振などの際にはおすすめな食品です。また、からだの免疫力を高める効果も期待できます。普段から積極的に食べましょう。

食べコツ

ヨーグルトに果物を入れれば、カルシウムとビタミンを一気に摂取できます。減量中のアスリートはデザートとしての満足感も得られます。

参考文献

Health Management for Female Athletes Ver.3

JISS　国立スポーツ科学センターのアスリートレシピ
日本のトップアスリートを支えるバランスごはん115
国立スポーツ科学センター著（主婦と生活社）

市民からアスリートまでのスポーツ栄養学
編著者　岡村浩嗣
小清水孝子・横田由香里・柳沢香絵著（八千代出版）

スポーツ活動中の熱中症予防ガイドブック
公益財団法人日本スポーツ協会発行

からだによく効く食べもの大事典
三浦理代監修（池田書店）

からだによく効く 食材&食べあわせ手帖
三浦理代監修　永山久夫民間療法コラム監修（池田書店）

新版コンディショニングのスポーツ栄養学
編著者　樋口満（市村出版）

食品成分最新ガイド　栄養素の通になる　第3版
上村一弘著（女子栄養大学出版部）

日本食品標準成分表2020年版（八訂）
文部科学省　科学技術・学術審議会 資源調査分科会

日本人の食事摂取基準2020年版
厚生労働省ホームページ
農林水産省ホームページ

監修
柳沢 香絵（やなぎさわ・かえ）

相模女子大学 栄養科学部 健康栄養学科教授。博士（生活科学）。公認スポーツ栄養士。管理栄養士。大塚製薬株式会社研究員。国立スポーツ科学センター研究員。2014年、第22回ソチオリンピックではソチマルチ・サポートハウスのリカバリーミール責任者を務める。
著書に『親子で学ぶスポーツ栄養』（八千代出版・編著）、『市民からアスリートまでのスポーツ栄養学』（八千代出版・共著）、『新版コンディショニングのスポーツ栄養学』（市村出版・共著）などがある。

本文デザイン	大悟法 淳一　大山 真葵 酒井 美穂　境田 明子 （ごぼうデザイン事務所）
DTP協力	有限会社マーリンクレイン 株式会社オノ・エーワン
本文イラスト	中村 知史
執筆協力	東 裕美　伊藤 睦 川瀬 勝彦　渡邉 博海
校正	石丸 美子　株式会社ヴェリタ
編集協力	オメガ社 額賀 敏恵

※本書は2014年に刊行された『最新版アスリートのためのスポーツ栄養学』の改訂版です。

最新改訂版
アスリートのための スポーツ栄養学

2021年 7 月13日　第 1 刷発行
2024年 4 月18日　第 5 刷発行

監修 ―――― 柳沢 香絵
発行人 ―――― 土屋　徹
編集人 ―――― 滝口 勝弘
発行所 ―――― 株式会社 Gakken
〒141-8416　東京都品川区西五反田2-11-8
印刷所 ―――― 大日本印刷株式会社

●この本に関する各種お問い合わせ先
本の内容については、下記サイトのお問い合わせフォームよりお願いします。
https://www.corp-gakken.co.jp/contact/
在庫については　Tel 03-6431-1250（販売部）
不良品（落丁、乱丁）については　Tel 0570-000577
学研業務センター　〒354-0045　埼玉県入間郡三芳町上富279-1
上記以外のお問い合わせは　Tel 0570-056-710（学研グループ総合案内）